Annäherungen an Jürgen Ulderup

Annäherungen an Jürgen Ulderup

Der Lebensweg eines deutschen Unternehmers

Werner Schwipps

Die Deutsche Bibliothek – CIP-Einheitsaufnahme

Schwipps, Werner:
Annäherungen an Jürgen Ulderup : der Lebensweg eines deutschen
Unternehmers / Werner Schwipps. – Bramsche : Rasch, 1997
  ISBN 3-932147-01-4

Impressum

© 1997, für den Text: Werner Schwipps, Köln
Herausgegeben von Lemförder Metallwaren AG, Lemförde
Mit 13 Farbabbildungen und 35 Schwarzweißabbildungen im
Text. Die Aufnahmen stammen aus dem Lemförder Unterneh-
mensarchiv und aus Privatbesitz.
Text der Chronik: Hans-Jürgen Reuß, Meckenbeuren
Projektleiter: Alexander Hesselbarth, Rulle
Projektkoordination, Lektorat und Herstellung: PR Pressebüro
Reuß GmbH, Lohmar
Satz, Druck und Verlag: Rasch, Druckerei und Verlag, Bramsche
Buchbinderische Verarbeitung: Bramscher Buchbinder Betriebe
Printed in Germany/Imprimé en Allemagne

ISBN 3-932147-01-4

Inhalt

Einführung —— 6

Vorwort —— 7

Auf der höchsten Stelle des Friedhofs:
Die Grabstätte in Haldem —— 9

Ein Haus mit grünem Dach.
Das Anwesen Ulderup in Haldem —— 11

Ulderup-Straße zum Werk Dielingen.
Technische Schaltstelle des Unternehmens —— 13

Das Haus in Lemförde.
Gräber in Stemshorn —— 17

Eltern und Geschwister.
Die Dominanz des Vaters —— 22

Schulbesuch und Studium in Berlin.
Schlagmann im Achter des Berliner Ruder-
Clubs —— 27

In der Führungsetage der Auto Union.
Erster Zusammenstoß mit dem NS-Regime.
Freiwilliger Militärdienst —— 30

NS-Mitgliedschaft als Preis für die Karriere.
Von den Mitteldeutschen Motorenwerken
zum Junkers-Flugmotorenbau —— 32

Werksleiter in Zittau. Rüstungsproduktion
mit Zwangsarbeitern —— 37

Pflichterfüllung als moralischer Imperativ.
Am Ende den Kopf riskiert —— 41

Auf der Suche nach neuer wirtschaftlicher
Existenz.
Über Bremen an den Dümmer —— 44

Die Anfänge am Lemförder Berg.
Im Auftrag und auf Rechnung von Klatte —— 48

Mit der LMG auf eigenen Füßen.
Ein Flüchtlingsbetrieb gewinnt Profil —— 53

Die Erfolgsgeschichte der
Lemförder Metallwaren. Aufstieg zum
prosperierenden Unternehmen —— 58

Die zweiten fünfundzwanzig Jahre.
Die Zukunft des Unternehmens gesichert —— 63

Max Webers Idealtypus eines kapitalistischen
Unternehmers.
Ulderup als Unternehmer, als Manager,
als Mensch —— 67

Die letzten Jahre. Rotary Club und
Ulderup-Stiftung.
Dem Tod lange Widerstand geleistet —— 71

Chronik —— 77

Personenregister —— 83

Danksagung —— 84

Einführung

Herstellung erstklassiger Produkte, sozialverpflichtetes Handeln im Betrieb, gesellschaftliches Engagement im betrieblichen Umfeld – das waren die Grundsätze, nach denen Dr.-Ing. Jürgen Ulderup sein Unternehmen geführt hat. Die Unternehmensleitung ist diesen Grundsätzen ebenso verbunden wie er ihnen folgte, von den Anfängen vor der Währungsreform von 1948 bis zu seiner schweren Erkrankung 1987 und seinem Tod 1991.

Wir nehmen das fünfzigjährige Bestehen des Unternehmens zum Anlaß, den Weg von den kleinsten Anfängen als Handelsunternehmen bis zur heutigen weltweiten Bedeutung als Systemlieferant nachzeichnen zu lassen. In drei Bänden mit völlig unterschiedlicher Struktur legen wir Unternehmensgeschichte vor: einmal in der knappen Form von Daten & Fakten, dann in einem Lebensbild von Jürgen Ulderup, das weit in seine Familiengeschichte zurückreicht, und schließlich in einer Sammlung von Ereignissen aus dem Unternehmen und um das Unternehmen herum, die deutlich werden läßt, wo Ulderup sich als Unternehmer niedergelassen hat und welche Veränderungen in der Region am Dümmer er bewirkt hat.

Im März 1997
Paul Ballmeier

6

Vorwort

Dieses Unternehmerporträt ist im Auftrag von Lemförder Metallwaren entstanden, doch haben Vorstand und Geschäftsführung dem Autor dabei in jeder Hinsicht freie Hand gelassen. Sie haben ihm bereitwillig Zugang zu allen Geschäftsunterlagen verschafft und für Auskünfte zur Verfügung gestanden.

Gleiches gilt für Frau Irmgard Ulderup, die es gestattete, Einblick in den persönlichen Nachlaß ihres Mannes zu nehmen. Sie hat für lange Gespräche zur Verfügung gestanden und Türen geöffnet zu Unterlagen in öffentlichen Archiven sowie zu Personen aus dem beruflichen und persönlichen Umfeld Ulderups.

Herrn Christian P. Ulderup, dem Sohn, und Frau Dr. Annemarie Rau, der Schwester Jürgen Ulderups, verdankt es der Autor, daß er persönliche Erinnerungen verwenden und frühe Familienpapiere auswerten durfte.

Ohne diese Hilfestellungen und den damit verbundenen Vertrauensvorschuß hätte dieser Band nicht geschrieben werden können. Es ist keine Floskel, dafür an dieser Stelle ausdrücklich Dank zu sagen.

Der Autor zögert, den Band eine Biographie zu nennen, denn für eine gültige Biographie war die zur Verfügung stehende Zeit von eineinhalb Jahren nicht ausreichend genug. Auch waren ihm vom Umfang her Grenzen gesetzt, und es war Rücksicht auf noch lebende Personen zu nehmen.

Ulderup selbst war mehr als zurückhaltend mit Aussagen zur eigenen Person und zu seinem Lebensweg, der auf vielfältige Weise mit deutscher Zeitgeschichte verbunden ist. Mehr noch: Der Lebens- und Arbeitsweg Ulderups war in weiten Teilen von der zeitgeschichtlichen Entwicklung mitbestimmt.

Er wollte nichts anderes als Kaufmann und Unternehmer sein und geriet doch auf lebensgefährdende Weise ins Räderwerk der Politik. Als betont national gesinnter Mann hatte er doch mit den Nationalsozialisten nichts im Sinn – und mußte ihnen dennoch Tribut zollen.

Der Erfolg ist ihm zu keiner Zeit in den Schoß gefallen, sondern mußte hart erarbeitet werden. In seinem Leben gab es Höhen und Tiefen, auf Siege folgten Niederlagen, und auch schwere persönliche Schicksalsschläge hat er hinnehmen müssen.

Der Aufstieg eines Unternehmens am Dümmer von notgeborenen Anfängen nach dem Krieg zum hochspezialisierten Systemlieferanten ist neben seinem unternehmerischen Weitblick vor allem unermüdlicher Arbeit zu verdanken. Daß Jürgen Ulderup sich dabei stets seiner sozialen Verpflichtung als Unternehmer bewußt war, ist eine wichtige Komponente sowohl des Erfolgs wie seines Charakters.

Köln, im Dezember 1996
Werner Schwipps

Auf der höchsten Stelle des Friedhofs:
Die Grabstätte in Haldem

Wer mit der Bahn von Osnabrück nach Bremen fährt und die Hänge des Wiehengebirges passiert hat, sieht rechterhand die Höhen des Stemweder Berges aus der Landschaft aufsteigen. Anders als das Wiehengebirge und der Teutoburger Wald ist dieser Höhenzug nicht durch Auffaltung, sondern Anhebung von Meeresboden entstanden. Versteinerungen von Pflanzen und Tieren, die sich in Steinbrüchen und auf Feldern an den Abhängen finden, belegen, daß hier in vorgeschichtlicher Zeit Meer gewesen ist.

Der Höhenzug erstreckt sich in Ostwestrichtung über rund sieben Kilometer Länge, in Nordsüdrichtung ist er etwa drei Kilometer breit. Quer durch seine alten Buchenbestände und Nadelhölzer verläuft von altersher eine Grenze, früher die Grenze zwischen der Grafschaft Diepholz und dem Bistum Minden, den Königreichen Hannover und Preußen. Davon zeugen noch große Grenzsteine aus rotem Sandstein, die auf der einen Seite ein großes H für Hannover, auf der anderen ein P für Preußen tragen. Heute ist hier die Grenze zwischen dem Landkreis Diepholz in Niedersachsen und dem Kreis Minden-Lübbecke im Bundesland Nordrhein-Westfalen.

Die Orte Lemförde, Stemshorn, Dielingen und Haldem, im Grenzgebiet zwischen Nordrhein-Westfalen und Niedersachsen um den

Auf der dem Wohnhaus am nächsten gelegenen Stelle des Friedhofs: die Grabstätte Ulderup in Haldem

9

westlichen Ausläufer des Stemweder Berges gruppiert, sind Fixpunkte im Leben des Unternehmers Jürgen Ulderup. In Lemförde ist er nach dem Zweiten Weltkrieg als Flüchtling mit der Familie seßhaft geworden, hier hat er mit dem Aufbau seines Unternehmens begonnen und sein erstes Wohnhaus gebaut. In Haldem hat er, nun bereits erfolgreich als Unternehmer, in den sechziger Jahren Wohnsitz mit seiner zweiten Frau Irmgard genommen. In Sichtweite davon liegt er begraben.

Die Menschen hier sind bodenständig, und alle Orte haben eine lange Geschichte. Haldem feierte vor einem Jahrzehnt sein 750jähriges Bestehen, hat etwas mehr als 1700 Einwohner und bietet noch immer den Anblick eines ländlich geprägten Flächendorfes, ungeachtet eines in bevorzugter Wohnlage am Berg entstandenen Villenviertels.

In der Ortsmitte steht, von der Straße etwas zurückversetzt, die Heilig Kreuz Kapelle, strahlend weiß getüncht. Dahinter erstreckt sich hangaufwärts der Friedhof. An seiner Ostseite ist in den achtziger Jahren ein Erweiterungsgelände aufgelassen worden, das von einer noch jungen Hecke eingefriedet ist. Hier findet der Besucher die Grabstätte Ulderup: in der äußersten Ecke, direkt vor der Hecke. Von dieser Stelle aus geht der Blick hinüber zum Anwesen Ulderup, dessen grünes Kupferdach durch die Bäume schimmert.

Der Besucher steht vor einer herrschaftlichen Grabstätte: schlicht in der Form, großzügig in der Gestaltung, hergestellt aus kostbarem Material. Zwei schwere Platten roten skandinavischen Granits decken die beiden Grüfte ab, jede mehr als zwei Meter lang und einen Meter breit. Einziger Schmuck der glatt polierten Platten sind schmale aufgesetzte Kreuze. Dahinter erheben sich auf einer breiten Konsole die beiden Grabsteine aus gleichem Material, rechteckig und mehr breit als hoch. Gerade Linien dominieren und erwecken den Eindruck einer gewissen Strenge, die durch die Wärme des Porphyrs gemildert wird.

Auf dem Grabstein stehen in betonter Schlichtheit nur der Name und die Lebensdaten:

DR.-ING. JÜRGEN Ulderup
* 11. Oktober 1910
† 23. April 1991

Im Kontrast zur strengen Linienführung des Porphyrs steht die ihn umgebene üppige Blütenpracht. Rhododendronbüsche füllen die linke Seite der Grabstätte und ziehen sich um die Grabsteine herum. Vor den Granitplatten blühen Rosen bis weit in den Herbst hinein: Floribundarosen der Sorte Rosalie, bekannt für reiche Blüte, die auch die Auffahrt zum nahegelegenen Wohnhaus säumen.

Ein Haus mit grünem Dach.
Das Anwesen Ulderup in Haldem

Das Anwesen führte noch im Todesjahr 1991 die Bezeichnung Haldem 290. Erst danach wurden Straßennamen eingeführt, wobei bevorzugt auf alte Flurbezeichnungen zurückgegriffen wurde. Seitdem lautet die Anschrift: Wiesental 21. Das Haus mit dem grünspanbelegten Kupferdach liegt ganz am Ende der aufwärts führenden Straße, ist höher gelegen als alle anderen Häuser im Ort. Einst war hier ein Steinbruch, eine Steinkuhle, die Jürgen Ulderup Anfang der sechziger Jahre als Bauplatz erwarb.

Seine zweite Ehefrau Irmgard Ulderup, geborene Dienst, stammt aus Breisach bei Freiburg, wo sie mit einer jüngeren Schwester in bürgerlichem Elternhaus aufwuchs. Mit ihr sei ein Stück süddeutscher Heiterkeit in den kühlen Norden verpflanzt worden, sagte Ulderup einmal. Irmgard war die eigentliche Bauherrin des Anwesens. Mit Fleiß, Phantasie und Energie hat sie Bau und Einrichtung des Hauses sowie die Anlage des Gartens nach ihren Vorstellungen betrieben.

Die Pläne für das Haus wurden 1962 gemacht, nachdem Ulderup das Grundstück seiner Frau zum ersten Hochzeitstag geschenkt hatte. Nur schwer war für die verwilderte Steinkuhle eine Baugenehmigung zu erhalten, erinnert sich Architekt Fritz Meyer aus Dielingen. Denn es handelte sich um ehemaliges Landschaftsschutzgebiet, und es mußte gesprengt und abgetragen, an anderer Stelle aufgeschüttet werden. Die erste Skizze des Hauses, von Irmgard in Rom auf die Rückseite einer Speisekarte hingeworfen, hängt gerahmt im Treppenhaus und zeigt bereits alle wesentlichen Elemente des Hauses.

Dreieinhalb Jahre lang wurde gebaut, von 1963 bis 1965, im April 1966 konnte eingezogen werden. Dies ist nicht nur das höchstgelegene Haus in Haldem, sagt Fritz Meyer, es ist auch das schönste und das kostbarste dazu. Wenn im Dezember der Weihnachtsbaum auf dem Rasen vor der Fensterfront aufgestellt wird, leuchtet er für den ganzen Ort.

Nach Norden hin ist das Haus von steil aufsteigenden Terrassen abgeschirmt. Der Steilhang gleicht im Sommer einem bunten Blu-

Irmgard und Jürgen Ulderup am Tag ihrer standesamtlichen Trauung im Juni 1961 in München

menmeer. Oben schließt sich ein Hochplateau mit kleiner Obstplantage, Beerensträuchern und Gemüsegarten an; dazu wieder große Blumenflächen: Dahlien, Sonnenblumen, Astern, Rosen.

Die Fensterfronten beider Geschosse sind nach Süden gerichtet. Im Erdgeschoß liegen die repräsentativen Räume: das große Wohnzimmer, das Speisezimmer und zwei Bücherzimmer, abgeschirmt davon der Wirtschaftsteil. Eine geschwungene Marmortreppe mit schmiedeeisernem Rankengitter führt in das Obergeschoß mit den Schlafräumen unter dem Walmdach. Das Gitter ist geschmückt mit den Sternenbildern Widder und Waage.

11

Das Wohnhaus von Irmgard und Jürgen Ulderup am Stemweder Berg, 1966 bezogen

Wir mußten hier Geschäftsfreunde empfangen und auch angemessen bewirten können, sagt Irmgard Ulderup. Darauf war von Anfang an alle Planung abgestellt. Und ein Kupferdach mußte her, darauf bestand Ulderup: ein Dach, das nach einigen Jahren grüne Patina ansetzt, wie es die Dächer großer Handelshäuser in Hamburg haben. Dafür tauschte er alte Kupferbarren, die aus der Frühzeit des Unternehmens noch auf Lager waren, gegen Kupferband für die Eindeckung ein. Freunde erinnern sich an die Bemerkung, das Dach wäre eine Kapitalanlage, denn Kupfer ließe sich immer wieder verkaufen. Und wie häufig bei Ulderup, wußten sie nicht, ob es ernst gemeint oder ein Scherz war. Es ist das einzige Haus mit grünem Dach weit und breit, weiß Fritz Meyer, der sich hier auskennt.

In Ulderups kleinem Bücherzimmer steht auf dem Fenstersims in Silber gerahmt eine Art Ahnengalerie: Porträtaufnahmen von Vater und Mutter, den Großeltern und anderen. Dazu einige Kleinplastiken der von ihm geschätzten Bildhauerin Edith v. Sanden: Schwalbe, Seeschwalbe, Eule in Bronzeguß. Das Bücherregal an der Wand quillt über von Büchern, zumeist historischen Werken, aber auch Biographien und Büchern zur Wirtschaft. Auf dem Parkett ein Teppich, darauf der Schreibtisch, ein bequemer Sessel und ein Abstelltisch, mehr nicht. Und alles ist so, wie er es verlassen hat.

Zweimal, an seinem 70. und zum 75. Geburtstag, ist der Innenhof mit großem Zelt zum Festplatz ausgestattet worden. Zelt und Garagenräume waren mit Teppichen ausgelegt und mit Blumen und Stoffdrapierungen reich geschmückt. Große Fotos aus der Kinderzeit Ulderups hingen in Kartuschen an den Wänden, dazu die Wappen von Städten und Bundesländern, zu denen ein Bezug bestand. Auf einem runden Tisch brannten das erstemal siebzig, dann fünfundziebzig Kerzen, und gefeiert wurde mit jeweils rund hundert Gästen aus nah und fern.

Unvergessen ist denjenigen, die 1985 dabei waren, die Feier seines 75. Geburtstages. Es war ein strahlend schöner Herbsttag, ein goldener Oktober im wahren Sinne des Wortes. Schon in aller Frühe, bevor die geladenen Gäste kamen, erschienen der Haldemer Männergesangverein, die Bürgermeister der umliegenden Gemeinden und die Abordnungen der Lemförder Metallwaren, um zu gratulieren, für ihn zu singen, mit ihm zu lachen – und ihm zu danken.

Ulderup-Straße zum Werk Dielingen.
Technische Schaltstelle des Unternehmens

Jahrelang war sie ohne Namen, die Zufahrt zum Werk Dielingen. Die Gemeinde hatte sie gebaut, und die Leute nannten sie Industriestraße, aber offiziell war das nicht. Seit 1992 heißt sie Dr.-Jürgen-Ulderup-Straße, und den Beschluß dazu hat der Gemeinderat einstimmig gefaßt.

Das Werk Dielingen ist Produktionsstätte für Kugelgelenke und Fahrwerkskomponenten und zugleich Schaltstelle des gesamten Unternehmens. Während das benachbarte Lemförde weiterhin Sitz der Gesellschaft ist, befindet sich hier die technische Zentrale. Hier residiert auch die Unternehmensleitung in einem dreistöckigen Gebäude mit der großen Eule an der Fassade, dem Signet der Lemförder Metallwaren.

Spezialisiert ist die Lemförder Metallwaren Jürgen Ulderup AG & Co. nach eigener Definition auf Sicherheitssysteme und Präzisionskomponenten für Fahrwerk und Lenkung im Automobilbau – ein weltweit bedeutender Zulieferbetrieb für die internationale Fahrzeugindustrie mit rund 6000 Mitarbeitern im In- und Ausland und fast 1,5 Mrd DM Umsatz im Jahr.

Vom Unternehmensgründer wird nicht nur im Werk, sondern auch in Amts- und Gaststuben noch heute mit Hochachtung und menschlicher Wärme gesprochen. Dr. Ulderup sagen die einen, »der Doktor« in verkürzter Form andere. Niemals aber sagt einer nur Herr Ulderup oder gar nur Ulderup, ohne Doktortitel. Als er

das Unternehmen selbst leitete, wurde er nur mit Herr Doktor angesprochen, innerhalb wie außerhalb des Betriebes. Er mußte gar nicht auf dieser Anrede bestehen, sie war seinen Mitarbeitern und den Menschen in der Region ganz selbstverständlich.

Bis zum Zweiten Weltkrieg zählte Dielingen fast einhundert Jahre lang rund tausend Einwohner. Danach schnellte die Zahl durch Zuzug von Evakuierten und Flüchtlingen fast um die Hälfte auf mehr als 1400 Menschen hoch. Heute übersteigt sie 1800, nicht zuletzt wegen der gestiegenen Mitarbeiterzahl bei Lemförder.

Auch die historische Siedlungsstruktur des Ortes hat sich seit Ansiedlung des Ulderupschen Unternehmens stark gewandelt. Im Jahre 1953 entstanden hier die ersten Mietshäuser in der Gemeinde: zwei Häuser mit acht Wohnungen für Werksangehörige. Anfang der sechziger Jahre kamen vier Wohnbauten für insgesamt 24 Familien hinzu. Inzwischen dominieren außerhalb des historischen Ortskerns Ein- und Zweifamilienhäuser, und Dielingen erweckt den Eindruck einer wohlhabenden Gemeinde. Zu diesem Eindruck tragen auch das große Sportzentrum mit Turnhalle, Tennishallen und Freiplätzen sowie die neue Kirchplatzgestaltung im Zentrum bei. Nur die eigene Schule, die es einst im Ort gab, fehlt heute.

Das Werksgelände liegt westlich des Ortskerns, jenseits der Bahnlinie Osnabrück-Bre-

Die Zufahrtstraße zum Werk Dielingen trägt seit 1992 den Namen des Unternehmensgründers

13

Die erste Produktionshalle in Dielingen, flankiert von zwei Mehrfamilienhäusern, 1953

men, auf der inzwischen auch der Hochgeschwindigkeitszug ICE fährt. Im Norden und Süden ist das Terrain von zwei nach Reiningen an der Bundesstraße 51 führenden Straßen begrenzt: einer alten Landstraße mit Chausseebäumen und einer neuen Umgehungsstraße, die am Ortsrand vorbeiführt.

Früher lagen hier die sogenannten Röthequellen, flache Wasserkuhlen, in denen Flachsbündel eingeweicht wurden. Später wurden sie mit Sand aufgefüllt, und die Dorfjugend spielte Fußball darauf. Als 1952 die erste Halle von Lemförder Metallwaren errichtet wurde, ahnte niemand, daß sich von hier aus einmal eine weltweite Unternehmensgruppe entwickeln würde.

Das Arbeitszimmer Ulderups, in dem die Stränge der Unternehmensführung zusammenliefen, befindet sich im oberen, etwas zurückgesetzten Geschoß des dreistöckigen Verwaltungsgebäudes. Ende 1996 ist es noch in dem Zustand, in dem er es 1987 verlassen hat: etwa fünf mal sechs Meter groß und ganz mit Nußbaumholz getäfelt.

Ulderup saß selten an seinem Schreibtisch vor dem Fenster, sondern meistens am großen Konferenztisch in der Mitte des Raumes, wo er sich ausbreiten konnte. Links vom Schreibtisch steht eine breite Anrichte an der Wand, darauf Bücher, Fotos, Skulpturen und einige Modelle der Lemförder Produktionspalette. Alles in allem ein bescheidenes Arbeitszimmer für einen erfolgreichen Unternehmer, will man meinen.

Auf dem Schreibtisch liegt noch der Kalender von 1987, seinem letzten Arbeitsjahr, mit Termineintragungen bis weit in den Herbst hinein. Im silbernen Rahmen ein Foto des legendären Junkers-Verkehrsflugzeuges Ju 52 zur Erinnerung an seine Junkerszeit im Krieg, daneben eine Tischuhr.

Das Werk Dielingen mit dem dreistöckigen Verwaltungsgebäude heute

An den Wänden und auf Beistelltischen Gemälde und Modelle von Schiffen; bei einem, dessen Vorfahren jahrhundertelang zur See gefahren sind, gehören Schiffe dazu. Er selbst mußte sich, weil Brillenträger, für einen anderen Beruf entscheiden, doch die Affinität zur Seefahrt blieb erhalten.

Der Schreibtisch war immer aufgeräumt, sagt Eveline Seidel, seine letzte Sekretärin. Auf Ordnung auf dem Schreibtisch wie im Tagesablauf hat der Chef Wert gelegt. Er traf gewöhnlich morgens um halb neun im Werk ein und ging erst einmal durch den Betrieb. In seinem Büro fand er die eingegangene Post vor, die Post für das ganze Unternehmen. Bis etwa zehn Uhr hatte er sie durchgesehen und mit mancherlei, oft drastischen Anmerkungen versehen. Dann kamen die ersten Besucher.

Von 13.00 bis 15.00 Uhr hielt Ulderup, wenn irgend möglich, Mittagsruhe. Erholt kam er da-

nach ins Büro zurück. Feierabend war, wenn alle Arbeit erledigt, sein Schreibtisch abgeräumt war. Das bedeutete, daß es abends manchmal spät wurde, vor allem für die Sekretärin: Denn selbstverständlich erwartete er, daß alles, was er diktiert hatte, am nächsten Morgen in Reinschrift vorlag.

Er verlangte von seinen Mitarbeitern viel und lobte selten. Besondere Anstrengung und gute Leistung galten ihm als normale Pflichterfüllung. Mit seinen Worten war er nicht wählerisch. Auch ich habe manchmal geweint, obwohl ich widerstandsfähiger war als Elli Schucht, erinnert sich Eveline Seidel.

Elli Schucht war Flüchtling aus Pommern und hat fünfzehn Jahre lang als seine Sekretärin gearbeitet, bis sie 1966 tödlich verunglückte. Sie hat manchmal unter der burschikosen Art Ulderups gelitten und sich doch mit ihm und dem Werk identifiziert, wie übereinstimmend be-

Ulderups Arbeitszimmer im Werk Dielingen. Auf dem Schreibtisch ein Foto der legendären »Ju 52« von Junkers

richtet wird. Ungeachtet seines rauhen Um-
gangstons bestand ein besonderes Vertrauens-
verhältnis zu seinen Sekretärinnen, was sich
auch daran zeigt, daß die Tür zum Sekretariat
selbst bei delikaten Gesprächen im Chefzim-
mer in der Regel einen Spalt offen blieb.

Sein Porträt hängt heute gerahmt in den Räumen der leitenden Mitarbeiter, in Konferenz-
räumen des Dielinger Werkes wie in allen anderen Werken der Unternehmensgruppe. Die
Schwarzweißaufnahme stammt aus seinem 65.
Lebensjahr und zeigt ihn im dunklen Anzug am
Haldemer Schreibtisch vor der Bücherwand. Er
hält eine Akte in den Händen und blickt aus
randloser Brille den Betrachter streng an: ein
Patriarch, wie er im Buche steht. Das Gesicht
ist glattrasiert, das weiße Haar quergescheitelt,

wohl um den hohen Haaransatz zu kaschieren.
Man sieht ihm auch im Sitzen an, daß er ein
hochgewachsener Mann war.

Bereits im Jahre 1947, dem Gründungsjahr
des Unternehmens, hat ein junger Mitarbeiter,
der nachmalige Jurastudent Ludwig Straatmann, mit folgenden Worten ein ganz ähnliches
Porträt von Ulderup gezeichnet:

»Halbkahl der Kopf, goldgelb die Brille
auf der kühnen Nasenhülle,
die selbst behutsam eingefangen
von zwei runden Pustewangen.
Ein Mund, ganz anders wie sein Ton;
doch wenn auch der oft brummig schon,
wir stecken's weg,
denn's Herz sitzt doch am rechten Fleck!«

16

Das Haus in Lemförde.
Gräber in Stemshorn

Das Haus in Lemförde hat Ulderup 1951 aus Erträgen des Unternehmens und mit einem Flüchtlingszuschuß des Bundeslandes Niedersachsen bauen können. Es liegt am südlichen Ortsrand, nach Stemshorn zu, in der Unteren Bergstraße 37. Die Straße ist in Untere und Obere Bergstraße unterteilt und läuft in südöstlicher Richtung direkt auf den Stemweder Berg und das Hannoversche Berghaus zu, in dem die Anfänge des Unternehmens lagen.

Das Hannoversche Berghaus war einmal Ausflugslokal mit großem Tanzsaal, und hier hatte die Familie im Nachkriegsjahr 1946 im Obergeschoß die erste provisorische Unterkunft gefunden. Ein Jahr später bezog sie die gegenüberliegende Scheune des Anwesens, die inzwischen notdürftig als Unterkunft hergerichtet worden war. Aus diesem Fachwerkbau zogen Jürgen und Annelotte Ulderup mit den beiden Söhnen Peter und Hansel, 1940 und 1942 geboren, in das Haus in der Unteren Bergstraße.

Der Flecken Lemförde war bis zum Zweiten Weltkrieg von jeglicher Industrialisierung verschont geblieben. Erst nach dem Krieg war es mit der Ruhe und Beschaulichkeit in der ganzen Dümmerregion vorbei. Evakuierte und Flüchtlinge strömten in den Landstrich und Industrie faßte hier Fuß: glücklicherweise, wie Amtspersonen heute sagen. Die bedeutendsten Betriebe in Lemförde sind Lemförder Metallwaren und die BASF-Tochter Elastogran. Aus dem einst ländlich geprägten Luftkurort ist eine prosperierende Industriegemeinde geworden.

Willkommen waren sie anfangs nicht, die Flüchtlinge, die hauptsächlich aus dem Osten kamen und alles verloren hatten. Willkommen war auch Ulderup nicht, als er beabsichtigte, das Facharbeiterpotential der Flüchtlinge zu nutzen und am Stemweder Berg schrittweise einen Handels- und Produktionsbetrieb aufzubauen. Die Schwierigkeiten, die dabei zu überwinden waren, faßte er an seinem 75. Geburtstag rückblickend wie folgt zusammen:

»Meine Absichten wurden zunächst von den Behörden abgelehnt, weil man befürchtete, daß wir die Arbeitskräfte von den Bauern abwerben

Das Wohnhaus in der Unteren Bergstraße in Lemförde, Domizil einer vierköpfigen Familie

könnten. Die Handelskammer hat uns die Lizenz verweigert mit der Begründung, daß der Betrieb hier wirtschaftlich nicht notwendig sei. Da ich mich mit dem Bescheid nicht abfinden wollte, kämpfte ich weiter, und unter der Last des Flüchtlingsstromes haben wir dann doch die Genehmigung erhalten.«

Das Haus Untere Bergstraße 37 ist heute hinter hohen Bäumen fast verborgen. Es ist ein geräumiges, durch Anbau erweitertes Einfamilienhaus mit Walmdach, breiter Einfahrt und Torhaus mit Garage. Als die Ulderups hier einzogen, gehörte noch ein Hühnerstall dazu, und der Garten wurde für Obst- und Gemüsebau genutzt.

Sie waren zwanzig Jahre miteinander verheiratet, Annelotte und Jürgen Ulderup. Annelotte, einen Kopf kleiner als er, wird als kluge, vernünftige und lebensbejahende Frau geschildert. Sie war der ruhende Pol in der Familie, Besuchern gegenüber stets liebenswürdig. Nicht nur die Söhne, auch Freunde und Verwandte, manchmal selbst die Schwiegereltern, hätten ihre Sorgen bei ihr abgeladen, heißt es.

Ohne zu klagen hat Annelotte Ulderup die schweren Jahre des Krieges und die entbehrungsreiche Nachkriegszeit an der Seite ihres

Mannes durchgestanden, zeitweilig mit den Kindern allein durchstehen müssen. Sie blieb dabei stets im Hintergrund, hatte nicht Anteil an den Geschäften ihres Mannes.

Sie entstammte einer alten Potsdamer Bürgerfamilie, hatte braune Haare, war eine lebenslustige, adrette und sehr hübsche Person, ritt und schwamm gern und wurde häufig zu Bällen, Opernbesuchen und Konzerten nach Berlin eingeladen. Auf einem Maskenball des Berliner Ruder-Clubs lernte sie 1932 Jürgen Ulderup kennen, einen blonden, hochaufgeschossenen, etwas schlaksigen Studenten. Es kam zu einigen Verabredungen, aber Jürgen nahm sein Studium ernst und hatte nicht immer Zeit für die in dieser Hinsicht anspruchsvolle Annelotte. So verlor man sich wieder aus den Augen.

Ein überraschendes Wiedersehen gab es 1934 auf einem Bahnsteig des Hauptbahnhofs in Chemnitz. Ulderup hatte inzwischen sein Studium an der Technischen Hochschule Charlottenburg abgeschlossen und eine Anstellung bei der Auto Union in Zschopau nahe Chemnitz gefunden. Das unverhoffte Wiedersehen müssen beide wohl als Wink des Schicksals verstanden haben. Am Ende desselben Jahres waren sie verlobt und im Dezember 1937 wurde geheiratet, drei Tage vor Weihnachten. Die standesamtliche Trauung fand vormittags in Dresden, die kirchliche Einsegnung am Abend in der Dahlemer Dorfkirche in Berlin statt.

Ein wirkliches Familienleben haben die Ulderups erst nach dem Krieg in Lemförde führen können, als die Schrecken und Zwänge des Krieges vorbei waren. Mit Peter und Hansel fuhren sie im Sommer an die See, bevorzugt nach Utersum auf Föhr. Ein Foto aus dieser Zeit zeigt sie fröhlich und ausgelassen am Strand. Gelegentlich mußte Annelotte mit den Söhnen und ihrer Mutter allein verreisen, weil der Auf- und Ausbau des Unternehmens die Anwesenheit des Chefs erforderte. Omi Raue, wie die Kinder sie nannten, wohnte seit Beginn der fünfziger Jahre in Bad Pyrmont, wo Ulderup ein Haus erworben hatte, das sie verwaltete. Jürgen und Annelotte waren dort wiederholt zur Kur, und die Kinder haben in Bad Pyrmont gern ihre Ferien verbracht.

Die Söhne Peter und Hansel besuchten nach dem Krieg vier Jahre lang die Volksschule in Stemshorn. Danach wechselte Peter auf das humanistische Ratsgymnasium in Osnabrück und wurde Fahrschüler, während Hansel 1952 Internatsschüler in der freien Waldorfschule in

Als Verlobte grüßen Annelotte Raue und Dr.-Ing. Jürgen Ulderup im Winter 1934/35 aus Dresden, dem damaligen Wohnort der Familie Raue

Annelotte Ulderup geb. Raue vor der Umsiedlung nach Zittau mit ihren Söhnen Peter und Hansel im Kriegsjahr 1943

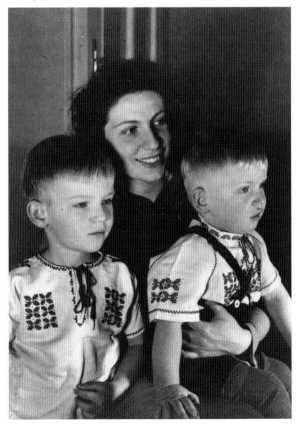

Die Familie am Tag von Peters Konfirmation im Frühjahr 1954 mit Lieblingshund »Struppeline«. Zu diesem Zeitpunkt sind die Ulderups noch voller Zuversicht auf eine gemeinsame Zukunft

Ottersberg bei Bremen wurde. Hansel war ein ungebärdiges, kaum zu zügelndes Kind; er liebte Eskapaden und sprang einmal für 50 Pfennige vom Zehnmeterturm ins Wasser, als er noch nicht schwimmen konnte. Angst war für den Bruder ein Fremdwort, sagt Peter, doch um so mehr sorgte sich die Mutter um ihn. Andererseits werden ihm Gerechtigkeitssinn und Hilfsbereitschaft nachgesagt.

Der Vater, sagt Peter, war Respektsperson und hatte zu bestimmten Themen feste Ansichten, über die nicht zu diskutieren war. Ohnehin war damals der Abstand zwischen Kindern und Eltern emotional größer als heute. Für die Probleme der Kinder war bei Ulderups die Mutter zuständig. Den Vater bekam die Familie oft tagelang nicht zu Gesicht, denn er war häufig unterwegs zu Verkaufsgesprächen, Einkäufen, Verhandlungen. Das Unternehmen war sein eigentlicher Lebensinhalt, dahinter mußte die Familie zurückstehen.

Ein Asthmaleiden trat bei Annelotte Ulderup 1951 nach dem Umzug vom Hannoverschen Berghaus in das Haus in Lemförde auf, in Form einer chronischen Bronchitis mit Erstickungsanfällen. Die Anfälle traten unversehens auf, waren unberechenbar und tückisch. Sie kamen in Schüben und versetzten Annelotte in Todesangst. Ständig mußte eine Sauerstofflasche zum Inhalieren für sie griffbereit sein und auch bei Autofahrten mitgeführt werden.

Sie selbst sprach von einem nervlich bedingten Leiden. Mehrwöchige Kuraufenthalte in Bad Reichenhall verschafften ihr Linderung, und sie kam jedesmal fast gesund wieder nach Hause. Aber nach einigen Wochen, berichtete sie, hätten das Moorklima und die Anstrengungen der Haushaltsführung die positive Wirkung wieder abgeschwächt. »Ich weiß, wie qualvoll diese Krankheit sein kann«, schrieb sie einer Bekannten, die um Rat gefragt hatte.

Aus dem Internat in Ottersberg häuften sich die Klagen über die Leistungen und das Betragen von Hansel. Der Junge bedürfe einer festen Hand, hieß es, sei faul, störe den Unterricht, schlage über alle Stränge. Später fragte sich der Vater, ob das ungestüme Wesens vielleicht schon ein Anzeichen der unheilvollen Krankheit war. Damals reagierte er ungehalten und gereizt. Im Herbst 1956 wurde Hansel nach Diepholz umgeschult, Anfang 1957 diagnostizierte ein Facharzt in Osnabrück permitiöse Anämie, verbunden mit fortgeschrittener Blutzerstörung. Hansel wurde in eine Klinik nach Freiburg geschickt, wo ein Blutaustausch vorgenommen wurde. Doch der zerstörerische Krankheitsprozeß ließ sich nicht aufhalten. Die Diagnose: Leukämie – unheilbar wurde mit Rücksicht darauf, daß die Mutter selbst sehr krank war, nur dem Vater mitgeteilt. Im Frühjahr noch konfirmiert, kam Hansel im Mai ins Städtische Krankenhaus nach Bielefeld.

Hans-Jürgen Ulderup, genannt Hansel, starb am 27. Mai 1957. Am Himmelfahrtstag wurde er auf dem Friedhof in Stemshorn am Fuße des Stemweder Berges beigesetzt. Seine Mitkonfirmanden gingen dem Sarg voran. Die Eltern fanden, wie Ulderup an den behandelnden Arzt schrieb, einigen Trost in dem Gedanken, daß Hansel bis zuletzt nicht gewußt hatte, daß er sterben würde.

Für Peter war der Tod des Bruders ganz unfaßbar. Er hatte Hansel noch Stunden vorher im Krankenhaus besucht und unbefangen mit ihm geplaudert. Erst als der Vater ihn am Abend nach Lemförde fuhr und danach sofort nach Bielefeld zurückkehrte – hörte er den folgenschweren Satz: Du hast deinen Bruder heute wohl zum letzten Mal gesehen. Die Erschütterung des Vaters war zu groß, als daß er noch etwas hatte hinzufügen können.

Peter glaubt sich zu erinnern, daß die Asthmaanfälle der Mutter nach dem Tod des Bruders von einem Tag auf den anderen aufhörten. Tatsächlich ist es möglich, daß nervlich bedingte Erkrankungen durch seelischen Schock positiv beeinflußt werden können. Denkbar ist aber auch, daß neue Medikamente, die damals als Stoßtherapie verordnet worden waren, die auffällige Besserung des Zustandes bewirkt haben.

Sieben Monate später wurde auch Annelotte Ulderup auf dem Friedhof in Stemshorn zur letzten Ruhe gebettet. Sie war im Alter von 44 Jahren einem tragischen Verkehrsunfall zum Opfer gefallen. Der Unfall ereignete sich am späten Abend des 11. Dezember 1957 auf der Autobahn nahe der Ausfahrt Gelsenkirchen-Buer während der Heimfahrt von einer Geschäftsreise, zu der sie ihren Mann nach Süddeutschland begleitet hatte. Ulderup streifte mit seinem Mercedes auf der Überholspur einen auf dem Mittelstreifen abgestellten und in die Fahrbahn ragenden Volkswagen. Der Mercedes geriet ins Schleudern und schob sich unter den Anhänger eines Zementlastwagens. Annelotte schlief auf dem Beifahrersitz und war sofort tot. Ulderup selbst wurde mit Hüftgelenkkapselbruch und schweren Brustprellungen

Die Gräber von Hansel und Anne-lotte Ulderup sowie der Großmutter Johanna Raue auf dem Friedhof in Stemshorn

ins nächste Knappschaftskrankenhaus eingeliefert. Er war zwei Monate lang in stationärer Behandlung und litt zeitlebens unter Beschwerden im Hüftgelenk.

Der Friedhof von Stemshorn liegt am südlichen Ortsrand an der Straße nach Haldem, inmitten von Feldern dicht am Berg. Nur wenige hohe Bäume und die umschließende Hecke, aus der das Dach der Kapelle und ein kleiner Glokkenturm aus Stahl aufragen, machen ihn von der Straße her kenntlich. Die Sterbeglocke im Stahlturm trägt die Jahreszahl 1970 und wurde von Jürgen Ulderup gestiftet.

Die Grabstätte ist mit halbhohen Koniferen und cincr Birke als Heidelandschaft gestaltet. Drei schmale Grabhügel liegen nebeneinander: die Gräber von Hansel und Annelotte Ulderup sowie der Großmutter Johanna Raue, die im Februar 1963 hier ihre letzte Ruhestätte fand. Auf niedrigen, halb überwachsenen weißen Marmorblöcken die Namen der Toten und ihre Lebensdaten. Darüber erhebt sich, alle drei Gräber überspannend, ein rechteckiger grüner Grabstein, geschmückt allein mit einem schmalen metallenen Kreuz.

Das Haus in Lemförde haben Ulderup und sein Sohn Peter nach dem Tod von Annelotte bis 1961 allein bewohnt. Der Vater hätte sich seiner damals sehr angenommen, erinnert sich Peter. Sie ließen ein Motorboot bauen, das später in Emden lag. Vorher war schon eine Jolle für den Dümmer angeschafft worden.

Nach dem Abitur ging Peter 1961 als Reserveoffiziersbewerber freiwillig zur Marine. Danach wollte er wie einst der Vater an der Technischen Universität Berlin, der ehemaligen Technischen Hochschule Charlottenburg, Wirtschaftswissenschaften studieren. Er hatte auch schon die erforderlichen Praktika absolviert, erhielt aber dort keinen Studienplatz. Daraufhin schrieb er sich an der Universität in Hamburg ein und schloß das Studium 1968 als Diplom-Kaufmann ab. Danach ging er für zwei Jahre in die USA zur Borg-Warner Corporation, einem Getriebehersteller, und trat anschließend in das väterliche Unternehmen ein. Damals hat er seinen zweiten Taufnamen Christian zum Rufnahmen gewählt und zeichnet seitdem als Christian P. Ulderup, im Firmenjargon C.P.U. genannt.

21

Eltern und Geschwister.
Die Dominanz des Vaters

Die Vorfahren väter- wie mütterlicherseits lassen sich fast vierhundert Jahre lang am alten Handelsplatz Apenrade im deutsch-dänischen Grenzgebiet nachweisen. Sie waren fast alle Fahrensleute oder Seehandelskaufleute, allesamt evangelischen Bekenntnisses. Der Großvater Jürgen Petersen Ulderup (1835–1916) war Kapitän, verheiratet mit Marina, geborene Ahlmann (1838–1912), von der es heißt, sie wäre eine kleine, rundliche, lebhafte, intelligente, selbstbewußte Person gewesen. Großmutter Marina hatte von Geburt an eine verstümmelte rechte Hand, machte dessen ungeachtet aber die schönsten Handarbeiten. Sie stickte, strickte, nähte und leistete mit einer Hand mehr als manch andere mit zwei Händen, heißt es in einer Aufzeichnung. Die Großeltern waren fast 50 Jahre lang verheiratet und hatten sechs Kinder.

Der Großvater mütterlicherseits hieß Friedrich Raben und war Kaufmann und Schiffsausrüster in Apenrade. Ein Ölgemälde, das eines seiner Segelschiffe zeigt, ist auf Jürgen Ulderup übergegangen. Großvater Raben war verheiratet mit Anna, geborene Krabb, und sie hatten zwei Kinder. Die Tochter Margarete heiratete Anfang 1907 in Apenrade den damaligen Steuermann und nachmaligen Kapitän und Kaufmann Wilhelm Ulderup. Ihr erstes Kind war 1910 in Cuxhaven der Sohn Jürgen, auf den 1912 die Tochter Annemarie, 1913 Friedrich Wilhelm und 1920 Hans Ulderup folgten.

Der Vater Wilhelm Ulderup (1876–1959) war ein in mehrfacher Hinsicht ungewöhnlicher Mann. Nach dem Besuch der Realschule in Apenrade ging er, der Familientradition folgend, 1892 zur See und segelte innerhalb dreier Jahre als Schiffsjunge, Leichtmatrose und Matrose viermal um Kap Horn. Im Jahre 1897 diente er als Einjährig-Freiwilliger ein Jahr bei der Marine, 1901 erhielt er nach Besuch der Navigationsschulen in Apenrade und Altona das »Patent zum Schiffer auf großer Fahrt«. Parallel dazu wurde er Reserveoffizier der Marine, 1909 Kapitänleutnant.

Nach Ende seiner Fahrenszeit war Wilhelm Ulderup zunächst Leiter eines Bergungsdien-

Die Großeltern in Apenrade: Kapitän Jürgen Petersen Ulderup und Marine, geborene Ahlmann

stes in Hamburg. Kurz vor dem Ersten Weltkrieg wurde er Nautischer Inspektor bei der Deutsch-Australischen Dampfschiffahrtsgesellschaft und damit Vorgesetzter der Kapitäne. Im Krieg leitete er erst die Versorgung der Hochseeflotte auf der Unterelbe und war von 1915 an Chef der Wassertransporte im eroberten russischen Gouvernement Libau. Ein Jahr später wurde er Chef der Schiffahrtsabteilung beim stellvertretenden Generalstab der Preußischen Armee in Berlin.

Die Aufgabe der Schiffahrtsabteilung bestand darin, die gesamte Binnen- und Küstenschiffahrt zur Versorgung des Heimatlandes wie der Truppen zusammenzufassen und zu koordinieren. Kapitänleutnant Ulderup löste diese Aufgaben nach dem Urteil seiner Vorgesetzten ganz hervorragend und wurde hochdekoriert.

Am 9. November 1918 stellte sich Wilhelm Ulderup der neuen Reichsregierung zur Verfügung, wovon ein Dokument zeugt, das am selben Tag ausgestellt ist und die Unterschrift von Friedrich Ebert, dem nachmaligen Reichspräsidenten, trägt. Er arbeitete in der Internationalen Waffenstillstandskommission mit und wurde im September 1919 mit seiner Abteilung in das Reichsverkehrsministerium übernommen. Zum 1. April 1921 löste man die Schiffahrtsabteilung auf, und Ulderup schied aus dem Staatsdienst aus.

Kapitänleutnant Wilhelm Ulderup, der Vater, verantwortlich für die Binnenschiffahrt im Ersten Weltkrieg

Wilhelm Ulderup, Generaldirektor der Behala, mit dem damaligen Aufsichtsratsvorsitzenden, dem Berliner Oberbürgermeister Gustav Böß (Hut in der Hand), im Westhafen um 1925

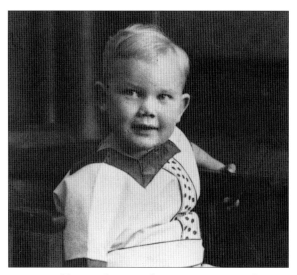

Jürgen Ulderup als Dreijähriger 1913 in Cuxhaven

Im selben Jahr ist er Direktor des Speditionsunternehmens Schenker & Co. AG in Berlin geworden, von 1923 bis 1926 war er gleichzeitig Generaldirektor der Behala, Berliner Hafen- und Lagerhaus AG. Danach beschäftigte er sich als selbständiger Kaufmann mit verschiedenen Verkehrsproblemen der Schiffahrt und Luftfahrt und gründete mit Prof. Hugo Junkers (1859–1935) die Luftfrako GmbH, Internationales Luftfracht- und Makler-Kontor, sowie die Deutraluft GmbH, Deutsche Tramp-Luftfahrt. Dies waren zwei kleine Studiengesellschaften, in denen Möglichkeiten für eine privatwirtschaftliche Entwicklung der Luftfahrt in Deutschland erforscht werden sollten. Es ist kein Zufall, daß Sohn Jürgen wenige Jahre später über diesen Aspekt des Luftverkehrs seine Dissertation schrieb.

Im Jahre 1929 wurde Kapitän Ulderup vom Auswärtigen Amt auf Vorschlag der deutschen Seereeder der Chinesischen Nationalregierung als Berater in Schiffahrtsfragen vorgeschlagen und ging für ein Jahr nach Nanking. Nach der Rückkehr war er bis 1937 Vorsitzender des Aufsichtsrates der Kieler Lagerhaus-Gesellschaft. Kurz vor dem Zweiten Weltkrieg meldete er sich als Pensionär zur Begabtenprüfung, bestand sie und studierte in Göttingen Wirtschaftswissenschaften. Am 4. Februar 1943 wurde er im Alter von 67 Jahren von der Rechts- und Staatswissenschaftlichen Fakultät der Georg-August-Universität zum Doktor rer. pol. promoviert.

Die Mutter Margarete, geborene Raben (1881–1964), war eine Cousine des Vaters. Sie

starb fünf Jahre nach Wilhelm Ulderup, kurz vor Vollendung ihres 83. Lebensjahres. Beide sind auf dem Ohlsdorfer Friedhof in Hamburg begraben, auf einer Grabstätte der im Mittelalter von Seeleuten gegründeten Stiftung Casse der Stücke von Achten.

Margarete Ulderup ist hinter der starken Persönlichkeit ihres Mannes kaum jemals hervorgetreten und war doch der Mittelpunkt der Familie. Wilhelm Ulderup, schon aus beruflichen Gründen oft unterwegs, war alles andere als ein häuslicher Mann. So hatte die Mutter Last und Verantwortung für Haus und Kinder so gut wie allein zu tragen. Und obwohl ihr Mann verhältnismäßig gut verdiente, mußte sie bei vier Kindern, zumal als diese in der Ausbildung standen, sorgsam wirtschaften.

Die vier Geschwister hatten ein gutes Verhältnis zueinander, das über die Kindheit hinausreichte. Gewiß hatte die stets ausgleichende Mutter auch hieran ihren Anteil. Jürgen entwickelte als Ältester früh ein gewisses Verantwortungsbewußtsein gegenüber den jüngeren Geschwistern, erinnert sich die Schwester.

Zu Besuch in Lemförde: Margarete und Dr. Wilhelm Ulderup, im Jahre ihrer Goldenen Hochzeit 1957

Annemarie ging wie Jürgen in Berlin auf ein Realgymnasium, und zwar auf die Auguste-Viktoria-Schule in der Nürnberger Straße. Sie machte 1931 Abitur und studierte danach Medizin in Berlin, Kiel und Königsberg. Im Krieg wurde sie als praktische Ärztin nach Nordfriesland dienstverpflichtet, wo sie bis 1952 blieb. Dies wäre die schönste Zeit in ihrer ärztlichen Praxis gewesen, sagt sie.

Der Bruder Friedrich Wilhelm war das Sorgenkind der Familie, besonders der Mutter. Er war von schwacher Konstitution und kam in der Schule nicht recht mit. Der Vater wußte überhaupt nichts mit dem zweiten Sohn anzufangen, der so gar nicht seiner Vorstellung von einem tüchtigen Menschen entsprach. Die Geschwister riefen ihn Wilhelm, während die Mutter ihn mit vollem Namen Friedrich Wilhelm ansprach. Als Erwachsener ließ er sich Friedrich oder Fritz rufen. Er liebte Pferde und wäre gern Stallmeister geworden, blieb aber ohne abgeschlossene Schul- und Berufsausbildung. Im Alter von siebzig Jahren setzte Friedrich Wilhelm Ulderup in Berlin seinem Leben selbst ein Ende.

Der jüngste Bruder Hans ist wahrscheinlich nur 25 Jahre alt geworden. Hans wurde praktisch von der Schulbank weg Soldat und gilt seit Anfang 1945 in Rumänien als vermißt. Alle Bemühungen der Eltern wie der Geschwister, sich durch Suchmeldungen und Befragungen Klarheit über sein Schicksal zu verschaffen, blieben ergebnislos.

Das Elternhaus Ulderup kann nach Lebensauffassung und Gesinnung als liberal-konservativ bezeichnet werden. Die Ansichten des Vaters hinsichtlich Pflichterfüllung, Ordnung und persönlicher Bescheidenheit waren betont konservativ, im Hinblick auf Deutschtum, Staat und Reich ausgesprochen national. Für ihn war es ganz selbstverständlich, den Versailler Vertrag von 1919 einen »Schandvertrag« zu nennen, der nicht revidiert, sondern zerrissen gehörte, wie sich aus nachgelassenen Papieren ergibt.

Mitglied einer politischen Partei ist Wilhelm Ulderup nicht gewesen. Dagegen gehörte er mehreren Vereinen und Gesellschaften an. Eine Aufstellung aus seiner Zeit als Generaldirektor der Behala belegt seine Mitgliedschaft in folgenden Vereinen: Aero Club von Deutschland, Deutscher See Verein (ehemaliger Flottenverein), Gesellschaft zur Förderung des Instituts für Verkehrswissenschaft an der Universität Köln, Nautiker Bund Berlin, Nautischer Verein zu Hamburg, Deutsche Kolonial-Gesellschaft, Schleswig Holsteinische Universitäts-Gesellschaft, Schleswig Holsteiner Bund, Verein Deutscher Seeschiffer, Zentralverein für deutsche Binnenschiffahrt.

Diese Mitgliedschaften waren hauptsächlich beruflich bedingt, lassen aber eine Neigung zu national-konservativen Zielsetzungen erkennen. Er war mit vielen einflußreichen Persönlichkeiten bekannt, was sich auch für die Kin-

Der Schüler Jürgen Ulderup mit Matrosenkragen um 1920 in der Reichshauptstadt Berlin

der als nützlich erwies, als es um deren Berufswahl, um Ausbildung und Anstellung ging. Es versteht sich von selbst, daß Wilhelm Ulderup auf den Berufsweg der Kinder gehörigen Einfluß nahm.

Seine Dissertation, die er 1942 vorlegte, trug den Titel: »Die Ostseewasserwege als Hilfsmittel zur Wirtschaftsentwicklung des deutschvölkisch geführten europäischen Großraums«. Auf Vorschlag des Erstgutachters Prof. Klaus Wilhelm Rath, Geschäftsführer des Staatswissenschaftlichen Seminars der Universität, änderte er ihn in: »Die Entwicklung zum ›europäischen Großraum‹ unter besonderer Beachtung der Ostseewasserwege mit einem Ausblick auf den Verkehr und die Schiffahrt im östlichen Großraum Europas.«

Die darin vom Verfasser vertretene Auffassung, daß die Entwicklung eines europäischen Wirtschaftsgroßraumes unter deutscher Führung zu erfolgen hätte, trat im neuen Titel etwas zurück, findet sich in der Arbeit selbst aber unverändert wieder. Schon in der Einleitung schreibt Wilhelm Ulderup: »Die Führung des

Klassenaufnahme auf dem Hof des Falk-Realgymnasiums im Berliner Bezirk Tiergarten mit Jürgen Ulderup (im Kreis)

Europäischen Großraums, der ein Großraum deutscher Prägung werden muß, muß das deutsche Großreich übernehmen. Ein Großraum Europa kann nur vom deutschen Volk und seiner Führung entwickelt werden....«

Der Erstgutachter urteilte über die Dissertation: »Der Verfasser faßt sein Thema weniger in Richtung einer Darstellung von Tatbeständen als vielmehr Entwicklung eines umfassenden Programms auf. Sein reifes Urteil und seine Le-

bBenserfahrung, nicht zuletzt seiner praktischen Erfahrungen im Seedienst in leitender Stellung des Oberkommandos Ost und des Reichsverkehrsminiseriums lassen ihn die wesentlichen Zusammenhänge erkennen und geben der Arbeit das Gewicht.«

Auf Gutachtervorschlag wurde Wilhelm Ulderup der akademische Grad eines Doktors der Wirtschaftswissenschaften mit dem Gesamturteil »Gut« zuerkannt.

Schulbesuch und Studium in Berlin.
Schlagmann im Achter des Berliner Ruder-Clubs

Die Ulderups waren seit 1916 in Berlin gemeldet, Jürgen wurde hier eingeschult. Anfangs wohnten sie in der Potsdamer Straße, danach in der Courbierstraße hinter der Urania, zwischen den U-Bahnhöfen Wittenberg- und Nollendorfplatz, schließlich in der kleinen Herwarthstraße am Lehrter Bahnhof.

Im Herbst 1930 erwarben sie unter dem Namen der Mutter ein Einfamilienhaus in Berlin-Zehlendorf, das nach Entwürfen des bekannten Architekten Hans Poelzig (1869–1936) erbaut worden war. Das Haus gehörte zu einer Musteranlage der Gagfah, Gemeinnützige Aktiengesellschaft für Angestellten-Heimstätten, in der Straße Am Fischtal und steht heute unter Denkmalschutz. Namhafte Architekten hatten an der Gestaltung der Musteranlage mitgewirkt, die am Rande einer langgestreckten, parkähnlich gestalteten Senke liegt.

Jürgen besuchte, wie nach ihm auch der drei Jahre jüngere Bruder Friedrich Wilhelm, das Falk-Realgymnasium in der Lützowstraße im Bezirk Tiergarten. Er blieb auf dieser Schule bis zum Abitur, einmal ist er sitzengeblieben. Das Schulgebäude aus gelben Klinkern beherbergt heute eine Grundschule.

Als Schüler des Falk-Gymnasiums lernte Jürgen rudern und segelfliegen, ging auch gern schwimmen und reiten. Die Ruderriege der Schule verfügte über mehrere Boote, Zweier und Vierer. Jürgen zeichnete sich bei Wettfahrten aus und wurde Mitglied des Berliner Schüler-Achters.

Im Schulbericht 1929/30 ist dazu vermerkt: »Der Oberprimaner Ulderup nahm am Achterrudern teil; seine Mannschaft gewann den Preis im Ost-West-Achterrennen.«

Die Segelfliegergruppe war 1927 am Falk-Gymnasium gegründet worden. Sie schulte sonntags auf dem Flugplatz Gatow mit dem Schulgleiter »Zögling«. In den großen Ferien 1928 nahmen die angehenden Segelflieger an einem Ausbildungskurs in Rossitten an der Kurischen Nehrung in Ostpreußen teil und bestanden alle die A-Prüfung im Segelflug. Die Segelflugriege besuchte oft die Vortragsabende

Das Elternhaus in Berlin-Zehlendorf, nach Plänen des Architekten Hans Poelzig 1928/29 in einer Mustersiedlung erbaut

Gleitflugzeug »Zögling«, auf dem der Gymnasiast Jürgen Ulderup die A-Prüfung für Segelflieger ablegte

Vierer mit Steuermann des Berliner Ruder-Clubs bei der Großen Ruderregatta in Grünau 1931 mit Jürgen Ulderup als Schlagmann

der Wissenschaftlichen Gesellschaft für Luftfahrt in Berlin, heißt es im Schulbericht.

Das Abitur bestand Jürgen Ulderup Ostern 1929 mit der Gesamtnote »Gut«. Ausdrücklich vermerkt ist, daß er im Rudersport durch besondere Leistungen Anerkennung verdiente und im Segelflug auf dem »Zögling« ausgebildet wurde. Als Berufsziel des Abiturienten ist Kaufmann vermerkt. Der Vater und Bekannte rieten zum Studium der Wirtschaftswissen-

schaften an der Technischen Hochschule (TH) Berlin-Charlottenburg.

Im März 1930 wurde Jürgen Mitglied im Berliner Ruder-Club (BRC), nachdem er die für die Studienzulassung erforderlichen Praktika absolviert hatte. Noch im selben Jahr gewann er als Mitglied eines Jungmann-Achters dreizehn Rennen.

Der Student Ulderup ruderte 1931 dann im Junioren-Achter und erfolgreich auch im Vierer, 1932 avancierte er zum Schlagmann im Senioren-Achter und gewann zahlreiche große Rennen. Lediglich die angestrebte Meisterschaft im Achter blieb ihm versagt, als Folge davon auch die Teilnahme an den Olympischen Sommerspielen desselben Jahres in Los Angeles. Im Ausscheidungsrennen war der Achter der Mannheimer Amicitia von den Berlinern nicht zu bezwingen.

»Daß die mögliche Achtermeisterschaft verlorenging, lag bestimmt nicht an Dir«, schrieb ihm ein Ruderkamerad, der Steuermann Carlheinz Neumann, Jahrzehnte später. Und: »Es hat mir gerade für Dich leidgetan.«

Auf den damaligen Meldebögen ist seine Größe mit Einmetereinundachtzig, sein Gewicht mit 75 Kilogramm vermerkt. Im ganzen hat er bis 1932 für den BRC 35 meist erstklassige Rennen gewonnen. Er selbst sprach einmal von 42 Ersten Plätzen, wobei vermutlich die Siege in Schülerrennen mitgezählt waren.

Verständlicherweise kam das Studium an der Technischen Hochschule in den ersten beiden Semestern zu kurz. Doch für die studentischen Rennruderer galt die Devise: Während andere das erste Studienjahr mit Kommers und Biertrinken vertun, widmen wir uns dem Leistungssport. Aber auch im zweiten und dritten Studienjahr spielte das Rudern bei Jürgen Ulderup noch eine große Rolle, und es läßt sich denken, daß er seine Zeit zwischen Studium und Training sorgsam einteilen mußte.

Über den Studiengang und die Studienfächer im einzelnen ist wenig bekannt, weil viele Unterlagen des Immatrikulations- und Prüfungsamtes der TH aufgrund Kriegseinwirkung fast vollständig vernichtet worden sind. Im Matrikelbuch ist lediglich Ulderups Studienzeit vom Wintersemester 1929/30 bis Sommersemester 1933 erfaßt. Allerdings war es möglich, seine Diplom-Hauptprüfung zum Wirtschaftsingenieur zu rekonstruieren. Er hat sie im November 1933 mit dem Prädikat »Sehr gut« abgelegt.

Die Praktika, die er für das Studium an der TH zu absolvieren hatte, sind von ihm wie folgt aufgeführt: Ein halbes Jahr Schiffbauerlehrling gleich nach dem Abitur auf der Werft der Flensburger Schiffsbau-Gesellschaft, drei Monate Tiefbauarbeiter bei der Siemens-Bau-Union in Berlin, drei Monate Bürotätigkeit in sämtlichen Abteilungen der Poege Elektrizitätswerke AG in Chemnitz, drei Monate Bürotätigkeit im China-Exporthaus Kunst & Albers in Hamburg, zwei Monate Bürotätigkeit bei der Nordbayerischen Verkehrsflug AG in Fürth.

Parallel zu den Vorlesungen und Übungen hat er seine Sprachkenntnisse in Englisch und Französisch vertieft durch Besuch der Berlitz-Sprachschule sowie auf Reisen durch England und Frankreich. Außerdem erwarb er Grundkenntnisse in spanischer und russischer Sprache.

Seine Dissertation zur Erlangung der Doktorwürde hat der Diplom-Ingenieur Jürgen Ulderup 1934 eingereicht, als er schon bei der Auto Union AG in Zschopau in Sachsen beschäftigt war. Ihr Titel lautet: »Der Stand des Weltluftverkehrs und seine Probleme insbesondere in Deutschland.« Gutachter waren Prof. Dr. C. A. Fischer und Prof. Dr. Wilhelm Hasenack von der TH Charlottenburg. Hasenack hatte damals Anteil an der Entwicklung der Betriebswirtschaftslehre zu einer wissenschaftlichen Disziplin und erinnerte sich noch Jahrzehnte später an den Doktoranden Ulderup und dessen Dissertation. Er hat die Arbeit 1935 als Band einer von ihm herausgegebenen betriebswirtschaftlichen Schriftenreihe im Verlag Junker und Dünnhaupt in Berlin veröffentlicht. Daß Jürgen Ulderup nach Abschluß des Promotionsverfahrens den Titel Doktor-Ingenieur trug, hat oft zu der irrtümlichen Annahme geführt, er hätte Ingenieurwissenschaften studiert, wäre Maschinenbauer und Kontrukteur.

Die Dissertation bietet eine vollständige Zusammenstellung von Organisation, Leistung und vor allem Finanzierung des damals noch jungen Luftverkehrs in der Welt. Die Zeitschrift Deutsche Verkehrsnachrichten rühmte in einer Besprechung nicht nur die umfassende Materialsammlung, sondern auch die hervorragende theoretische Darstellung. Im Grunde ging es dem Verfasser um eine kritische Betrachtung des staatlichen Subventionssystems. Jürgen Ulderup lehnte die zunehmende Konzentration und Subventionierung eines Monopolunternehmens wie der damaligen Luft Hansa rundum ab. Statt dessen plädierte er für mehrere miteinander konkurrierende Einzelunternehmen im Luftverkehr.

Der Vater Wilhelm Ulderup hat dafür gesorgt, daß der Band weite Verbreitung fand. Er schickte ihn an alle Industrie- und Handelskammern, an Bibliotheken, Institute und Gesellschaften, auch an namhafte Persönlichkeiten. Der in der Dissertation enthaltene Vorschlag, mit sogenannten Tramp- oder Zubringerdiensten den Luftverkehr zu beleben und Luftspeditionen einzurichten, deckte sich mit seinen eigenen Vorstellungen und geschäftlichen Interessen.

Die Thesen hätten gewiß auch den Beifall von Hugo Junkers gefunden, der 1934 von den Nationalsozialisten entmachtet worden war und in Gauting unter Hausarrest stand. Dagegen war von der Luft Hansa, die seit 1926 alleiniges Luftverkehrsunternehmen in Deutschland war und vom Staat subventioniert wurde, kein Beifall zu erwarten.

Auch mit den Zentralisierungsbestrebungen der neuen Machthaber zum Zwecke straffer Führung und insgeheimer Aufrüstung, standen Ulderups Thesen nicht im Einklang. Mehr noch: Sie standen in krassem Gegensatz zur staatlichen Luftverkehrspolitik der Nationalsozialisten. Das einzige Zugeständnis, das der Doktorand Ulderup machte, ist, daß er einmal an einer nebensächlichen Stelle den Namen Adolf Hitlers nennt.

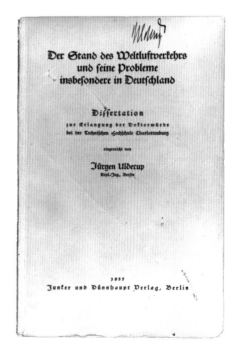

In der Führungsetage der Auto Union. Erster Zusammenstoß mit dem NS-Regime. Freiwilliger Militärdienst

Im Herbst 1933 war Jürgen Ulderup als Direktions-Assistent in das Vorstandssekretariat der Auto Union AG in Zschopau eingetreten. Dort war er als Referent mit Aufgaben der Produktions- und Verkaufsplanung befaßt. Diese Tätigkeit versetzte ihn in die Lage, die Organisation eines großen Unternehmens von der Führungsetage aus kennenzulernen. Daß er daneben an seiner Doktorarbeit schrieb, geschah mit Zustimmung seiner Vorgesetzten.

Leiter des Vorstandssekretariats und damit unmittelbarer Vorgesetzter Ulderups war Dr. Gerhard Müller. Die Zuständigkeit für das Sekretariat lag beim Vorstandsmitglied Theodor Hanemann, der ihn ein Jahr früher kennengelernt und wohl auch zur Bewerbung ermutigt hatte. Außerdem genoß er das Wohlwollen des Vorstandsmitgliedes Dr. Richard Bruhn, eines Bekannten seines Vaters. Über Bruhn wurde Auto Union eineinhalb Jahrzehnte später der erste Abnehmer von Ulderups Spurstangen aus Lemförde.

In der Automobilindustrie hatte während der Weltwirtschaftskrise ein Konzentrationsprozeß stattgefunden, der nach Machtübernahme der Nationalsozialisten 1933 noch forciert worden war. Im Herbst 1934 ließ sich Ulderup zu abfälligen Äußerungen über die Nationalsozialisten, besonders über Rudolf Heß, den Stellvertreter Hitlers, hinreißen. Diese Unbedachtheit wurde ihm fast zum Verhängnis.

Unter der Beschuldigung staatsfeindlicher Äußerungen wurde er Anfang November 1934 verhaftet und in das Konzentrationslager Frankenberg in Sachsen eingeliefert. Hier hat er nach eigener Aussage zwei Wochen lang im Steinbruch arbeiten müssen. Der besonderen Fürsprache von Direktor Hanemann hatte er es zu verdanken, daß er unter Auflagen freikam: Er mußte aus dem Vorstandssekretariat ausscheiden und hatte strafweise drei Monatsgehälter an das NS-Winterhilfswerk zu zahlen.

In die Bemühungen um seine Freilassung war auch der Berliner Rechtsanwalt und Notar Dr. Justus Koch eingeschaltet, der seit Beginn der zwanziger Jahre Rechtsberater seines Vaters Wilhelm Ulderup war. Koch blieb den beiden

Ulderups sein Leben lang freundschaftlich verbunden und hat ihnen auch nach dem Zweiten Weltkrieg manches Rechtsgeschäft abnehmen und guten Rat geben können.

Konzentrationslager oder Schutzhaftlager, wie sie anfangs hießen, waren 1933 und 1934 noch nicht die Vernichtungslager, zu denen sie später wurden. Dennoch war die Einlieferung in ein solches Lager für die Betroffenen eine gefährliche Angelegenheit. Sie erfolgte ohne jegliche Gerichtsverfahren, war ein reiner Willkürakt, und richtete sich gegen politische Gegner und sogenannte unliebsame Personen. Die Schutzhaftlager wurden von der SA betrieben, noch nicht von der SS. Die Einlieferung wurde als zeitlich befristete Erziehungsmaßnahme deklariert, doch es war ein offenes Geheimnis,

»Kradschütze« Ulderup als Einjährig-Freiwilliger Ende 1935 zu Besuch bei seiner Verlobten

AUTO UNION A·G

Z e u g n i s .
- - - - - - - -

Wir bestätigen hiermit, daß

    Herr Dipl.-Ing. Dr. Jürgen Ulderup,

    geb. am 11.10.1910 in Cuxhaven,

in der Zeit von 1. Dezember 1933 bis 31. Oktober 1935 bei uns tätig gewesen ist.

Bis zum 31. Dezember 1934 wurde Herr Dr. Ulderup in unserem Vorstandssekretariat beschäftigt und hatte hier nach den Anweisungen des Vorstandes einschlägige Fragen der Produktions und Betriebswirtschaft zu bearbeiten.

daß sich die Geheime Staatspolizei (Gestapo) für die »Schutzhäftlinge« interessierte.

Ulderups Verhaftung und Einlieferung in das Lager Frankenberg wird ihn selbst und seine Angehörigen, aber auch die Führungsetage der Auto Union sehr erschreckt haben. Niemand wußte zu sagen, ob nicht Anklage und Gerichtsverfahren folgen würden, denn die erhobene Beschuldigung wog schwer.

Seine Vorgesetzten bei Auto Union haben sich damals auf honorige Weise für ihn eingesetzt. Sie behielten ihn auch im Unternehmen, versetzten ihn aber im Dezember 1934 in das DKW-Werk nach Berlin-Spandau. Auf diese Weise geriet er aus dem Blickfeld der örtlichen Parteiinstanzen und der Gestapo im »Gau Sachsen«. Das Werk Spandau machte damals in erheblichem Ausmaß Verluste, und Ulderups Aufgabe war es, die Betriebsanlagen sowie das Lohn- und Materialwesen nach den Vorgaben des Vorstandes zu rationalisieren. Er blieb dort bis zum Oktober 1935.

Gerhard Müller hat später bestätigt, daß Ulderup aufgrund der Verhaftung in seinem beruflichen Fortkommen erheblich beeinträchtigt worden ist. Der Betroffene selbst empfand das Ausscheiden aus der Führungsetage als beruflichen Rückschlag und hat seiner Versetzung nach Spandau nur zögernd zugestimmt.

Das Jahr 1935 scheint eine Zeit großen Unbehagens für Ulderup gewesen zu sein, auch weil die Befürchtung fortbestand, daß die Verhaftung noch ein Nachspiel bei der Gestapo ha

ben könnte. Hauptsächlich deshalb bemühte er sich um den Eintritt in das Heer, wurde aber trotz bestandener Eignungsprüfung zunächst abgewiesen. Erst im November 1935 kam er beim motorisierten Schützenregiment Nr. I in Weimar als Freiwilliger an.

Direktor Bruhn von Auto Union schrieb ihm beim Ausscheiden am 31. Oktober 1935 ein bemerkenswert gutes Zeugnis. Darin heißt es: »Wir bestätigen Herrn Dr. Ulderup gern, daß er allen seinen Obliegenheiten mit lebhaftem Interesse und vorbildlichem Fleiß nachgekommen ist und die ihm übertragenen verantwortungsvollen Aufgaben trotz seines jugendlichen Alters mit Umsicht und Geschick zu unserer vollen Zufriedenheit durchgeführt hat. Bei der Ausübung seiner Tätigkeit kamen ihm seine gediegene Vorbildung, seine gewandten Umgangsformen und sein selbstsicheres Auftreten besonders zustatten.«

Im Weimarer Schützenregiment Nr. I tat Jürgen Ulderup ein Jahr lang als Kraftradschütze Dienst und wurde am 30. September 1936 als Gefreiter und Reserveoffizier-Anwärter entlassen. In den folgenden Jahren nahm er an zwei vierwöchigen Übungen teil, nach denen er im August 1937 zum Unteroffizier, Anfang Juni 1939 zum Feldwebel der Reserve befördert wurde. Am 25. September 1939 ist er laut Wehrpaß aus dem Heeresdienst entlassen worden. Der obligatorische zweijährige Wehrdienst war ihm seines Alters wegen erspart geblieben; er galt erst vom Jahrgang 1914 an.

NS-Mitgliedschaft als Preis für die Karriere.
Von den Mitteldeutschen Motorenwerken
zum Junkers-Flugmotorenbau

»Da ich auch dann nicht« – nach einjähriger Dienstzeit und als Reserveoffiziers-Anwärter – »in die alte Stellung zurückkonnte, bin ich 1936 in die Mitteldeutschen Motorenwerke, Leipzig-Taucha, eingetreten«, hat Ulderup im Oktober 1945 im Fragebogen der alliierten Siegermächte angegeben. Tatsächlich hat ihn der Vorstand der Auto Union, dessen Wohlwollen er nach wie vor besaß, dort eingesetzt. Er übernahm bei den Mitteldeutschen Motorenwerken (Mimo), die inzwischen zur Auto Union gehörten, die Aufgabe, den Vertriebsbereich aufzubauen und zu leiten.

Vom Februar 1939 an unterstanden ihm dort zusätzlich der gesamte Einkauf mit den dazugehörigen Funktionen Wareneingang, Lagerhaltung und Versand. Außerdem hatte er nach seinen Angaben sämtliche Verhandlungen mit den Behörden, speziell mit dem Reichsluftfahrtministerium, zu führen. Im Rahmen der Kriegswirtschaft waren die Mimo-Werke zum Zulieferbetrieb für die Junkers-Motorenwerke geworden.

Mit großem Engagement war es Ulderup somit gelungen, die aus seiner Verhaftung resultierenden negativen Folgen in seinem Vorwärtskommen auszugleichen. Anfang 1940 wurde ihm Prokura erteilt. Aber die Karriere hatte einen politischen Preis, den zu zahlen er nicht umhinkam. Im alliierten Fragebogen schrieb er dazu:

»Während meiner Tätigkeit bei den Mitteldeutschen Motorenwerken erhielt ich 1937 von der zuständigen Ortsgruppe in Taucha in Unkenntnis meiner früheren Haftzeit die Aufforderung, der Partei beizutreten. Um weitere Schwierigkeiten von Seiten der politischen Polizei zu entgehen, habe ich zugestimmt und im April eine rote Ausweiskarte erhalten. Ein Parteibuch habe ich nie gehabt und bin auch nie vereidigt worden. Desgleichen habe ich an Parteiveranstaltungen nie teilgenommen. Auf Grund meiner Erlebnisse habe ich mich auch stets zurückgehalten.«

Nach der Überzeugung von Theodor Hanemann, der eine jüdische Frau hatte und unter den Nationalsozialisten selbst in große Be-

Der Preis für eine Führungsposition in der Wirtschaft: Mitgliedschaft in der NSDAP und in einem SS-Reitersturm

drängnis geriet, hat Ulderup sich mit dem Parteieintritt nur aus dem Zwang seiner Stellung und dem Verantwortungsbewußtsein für seine Familie heraus den damaligen Verhältnissen gefügt. Hanemann hat 1948 auch bestätigt, daß Ulderup politisch niemals im Sinne der nationalsozialistischen Bewegung gedacht und gehandelt hätte. Das Wort »Nationalsozialistischer Aktivist« könne auf ihn nicht angewandt werden. Anzunehmen ist, daß dieses Entlastungszeugnis Hanemanns für ein anstehendes Entnazifizierungsverfahren gegen Ulderup gedacht war, doch haben sich für ein solches Verfahren keine Unterlagen finden lassen.

Die Aussagen Ulderups wie die Einschätzung Hanemanns finden ihre Bestätigung in der Akte Ulderups im Bundesarchiv/Document Center in Berlin. Im Document Center sind seit Kriegsende die unversehrt aufgefundenen Parteiunterlagen der NSDAP archiviert. Für Ulderup ist darin die Aufnahme in die NS-Partei auf Antrag vom 9. Juni 1937 rückwirkend zum 1. Mai desselben Jahres verzeichnet, mit der Mitgliedsnummer 5809295. Die Mitgliedskarte wurde am 15. Juni 1938 für ihn ausgestellt. Weitere Eintragungen zur Mitgliedschaft liegen nicht vor, weder über die Aushändigung eines Mitgliedsbuches noch über besondere Aktivitäten, etwaige Belobigungen oder irgendwelche Parteiämter.

Lebenslauf:
(Ausführlich und eigenhändig mit Tinte geschrieben.)

Am 11. 10. 1910 bin ich zu Cuxhaven als Sohn des Kapitänleutnants Wilhelm Ulderup und seiner Ehefrau Margarete geb. Raben geboren. Im Jahre 1929 absolvierte ich das Abiturium im Falk-Realgymnasium zu Berlin und nahm anschließend das Studium der Wirtschaftswissenschaften an der Technischen Hochschule zu Berlin auf. 1933 bestand ich daselbst mein Diplom – und 1934 mein Doktorexamen. Nach bestandenem Examen des Diplom-Ingenieurs wurde ich als Assistent des Vorstandes der Auto-Union A.G. in Zschopau/Sa. angestellt, in welcher Stellung ich bis zu meinem freiwilligen Eintritt in die Wehrmacht im November 1935 verblieb. Als Soldat habe ich bei der 6. Kompanie (Kraftradschützen) Schützenregiment 1 in Weimar gedient und bin nach einjähriger Dienstzeit als Gefreiter und Reserveoffiziersanwärter mit der Beurteilung „vorzüglich" ausgeschieden. Anschliessend bin ich Verkaufsleiter bei den Mitteldeutsche Motorenwerke in Leipzig geworden; diese Stellung habe ich heute inne.

J. Ulderup.

P.S. Ich gehöre heute dem 2. Zug des 4. Sturmes der 16. S. S. Reiterstandarte in Leipzig O. 29, Schwedenstr. 32 an.

Eigenhändig geschriebener Lebenslauf Jürgen Ulderups von 1937

MITTELDEUTSCHE MOTORENWERKE
Gesellschaft mit beschränkter Haftung

Ihr Schreiben vom:	Unser Zeichen:	**Taucha** Bez. Leipzig, 15. Mai 1941.

Z e u g n i s !

In vorbildlicher Weise den gestellten Aufgaben jederzeit gerecht geworden: Zeugnis der Mitteldeutschen Motorenwerke von 1941

Herr Dr. Jürgen U l d e r u p war vom 12. Oktober 1936 bis zum 15. Mai 1941 bei uns tätig.

Zu Beginn seiner Tätigkeit war ihm die Leitung und die Organisation des Vertriebs und der Versand - Abteilung übertragen. In diesem Zusammenhang war Herr Dr. Ulderup federführend in den Lieferprogramm- sowie Produktions- und Investierungsverhandlungen mit dem Reichsluftfahrtministerium.

Protokoll von Dr. Ulderup, Leiter des Technischen Hauptbüros der Junkers Flugzeug- und Motorenwerke in Dessau

Handlungsvollmacht für Ulderup im Rahmen des Technischen Hauptbüros des Stammwerks Motorenbau von Junkers 1941 mit Unterschrift Cambeis

Die Unterlagen weisen neben der Parteimitgliedschaft Ulderups aber auch eine Anwartschaft in der Reiter-SS (Schutzstaffel) aus. Die früheste Unterlage dafür ist ein ausgefüllter SS-Erbgesundheitsbogen aus dem April 1935, in dem als SS-Einheit der Reitersturm 2/R7 angegeben ist. Vom 1. Mai 1937 an wird ihm die Zugehörigkeit zum 2. Zug des 4. Sturmes der 16. SS-Reiter-Standarte Leipzig bestätigt. Ein vorläufiger SS-Ausweis ist für ihn als Staffel-Anwärter dann im 2. SS-Reitersturm der SS-Gruppe Oberabschnitt Ost ausgestellt worden. Auch hier liegen keine weiteren Dokumente vor, die über die Tatsache der Mitgliedschaft hinausweisen und ihn belasten könnten.

Eine Folge dieser Zugehörigkeit war, daß Jürgen Ulderup und Annelotte Raue sich 1937 einer aus heutiger Sicht demütigenden Prozedur zur Erlangung der Heiratserlaubnis durch das »Rasse- und Siedlungs-Hauptamt SS«, kurz Sippenamt genannt, zu unterziehen hatten. Die Unterlagen darüber sind im Document Center vollständig erhalten.

Die Heiratsgenehmigung wurde unter Vorbehalt am 10. Dezember 1937 erteilt. Elf Tage später traten Jürgen Ulderup und Annelotte Raue in Berlin vor den Traualtar.

Über seine weitere Berufsentwicklung sagt Ulderup in einem 1975 geschriebenen Lebenslauf: »Am 31.12.1941 bin ich bei den Mitteldeutschen Motorenwerken (MMW) ausgeschieden und zum Leiter des Technischen Hauptbüros bei den Junkers Flugzeug- und Motorenwerken AG bestellt worden. Im Laufe des Jahres 1944 wurde ich zum Werkleiter bestellt und hatte diese Funktion bis zum Kriegsende inne. Gleichzeitig erhielt ich Prokura für das Gesamtunternehmen.«

Gesprächsweise hat Ulderup wissen lassen, daß erste Absprachen über seinen Wechsel zu den Junkers Werken schon vor dem Krieg getroffen worden sind. Bei einem Treffen im Berliner Hotel Adlon hätte ihn Direktor Fritz Achterberg, der im Juni 1939 bei einem Flugunfall ums Leben kam, mit Handschlag für Junkers verpflichtet. Achterbergs Nachfolger als

Leiter der Motorenwerke wurde Regierungs-baumeister Walter Cambeis, der die Gespräche mit Ulderup fortsetzte. In einem Brief Ulderups vom August 1939 heißt es:

»Ich habe inzwischen Gelegenheit gehabt, mit Herrn Dr. Bruhn zu sprechen. Die Darlegung der von Ihnen in Angriff genommenen Aufgaben zur Rationalisierung des gesamten Junkers-Konzerns und auf Grund der mir persönlich dabei zugedachten Tätigkeit habe ich meine vorzeitige Freigabe zum 1.10.39 beantragt. Herr Dr. Bruhn glaubt aber, trotz Anerkennung der vorgetragenen Gründe, einer früheren Freigabe als dem 1. Januar 1940 nicht stattgeben zu können.«

Cambeis antwortete am 30. August 1939: »Ihr verspäteter Eintritt ändert nichts an der Aufgabe, die Sie hier übernehmen sollen. Diese besteht darin, einen Apparat aufzuziehen, der die straffe wirtschaftliche Überwachung des Gesamtunternehmens wahrnehmen soll. Diese vorerst aufzunehmende Tätigkeit schließt nicht aus, daß Sie mit anderen größeren Aufgaben im Laufe der Zeit beauftragt werden.«

Der Wechsel verzögerte sich um fast einein-halb Jahre. Erst am 15. Mai 1941 konnte Ulderup, wie die Dokumente ausweisen, aus den Mitteldeutschen Motorenwerken ausscheiden und die Leitung des neugeschaffenen Techni-schen Hauptbüros bei den Junkers Motorenwerken in Dessau übernehmen. Er erhielt zunächst Handlungsvollmacht, Ende Oktober 1942 Prokura für die Junkers Flugzeug- und Motorenwerke AG.

Die Motorenwerke produzierten damals Benzineinspritz- und Dieselmotoren sowie Verstell-Luftschrauben und entwickelten ein Strahltriebwerk unter der Bezeichnung Jumo 004. Als Ulderup seine Arbeit aufnahm, standen die Motorenwerke unter dem Druck, größere und stärkere Flugmotoren mit besseren Höhenleistungen als bisher zu entwickeln. Unter den herkömmlichen Kolbentriebwerken waren dies der Jumo 213 und 222, dazu das Strahltriebwerk Jumo 004. Die Aufgabe Ulderups war es, den Großserienbau von Flugmotoren zu organisieren, neue Zweigwerke aufzubauen und die Produktion zu koordinieren.

Das Strahltriebwerk 004 war von Anselm Franz im Otto-Mader-Werk entwickelt worden. Strahltriebwerke waren in der Herstellung billiger als Kolbentriebwerke und auch leichter zu warten. Mit ihnen konnten Flugzeuge damals Geschwindigkeiten bis zu 700 km/h erreichen. Ein in der Leistung verstärktes und in der Konstruktion vereinfachtes Modell mit der Bezeichnung Jumo 004 B wurde von Anfang 1944 an in ständig steigender Stückzahl für den Jäger

Walter Cambeis, Chef des Junkers Motorenbaus, im Kreise von Mitarbeitern am 1. Mai 1941

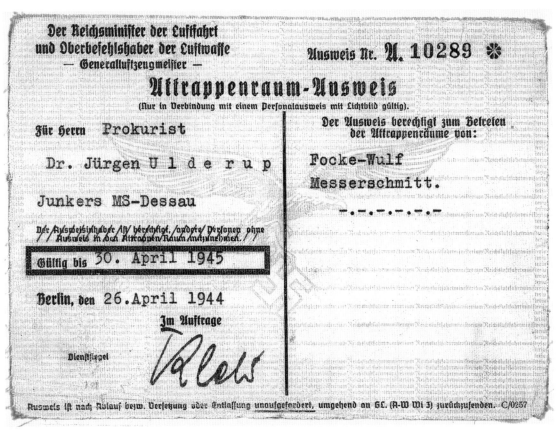

Zugang zu geheimen Entwicklungen: Attrappenausweis für Ulderup aus dem letzten Kriegsjahr

Me 262 mit 890 kp (Kilopond) Schub produziert.

Die Führungspositionen in den Junkers Werken waren damals fast alle von relativ jungen Leuten besetzt. Ulderup war 31 Jahre alt, als er die zentrale Schaltstelle im Motorenbau übernahm. Sein Vorgesetzter Cambeis, ehemaliger Studentenmeister im Zehnkampf, war damals gerade 40 Jahre alt geworden. Eine der Verführungen des NS-Regimes bestand darin, daß junge Menschen sehr früh in verantwortlichen Positionen aufsteigen konnten und sich dann angespornt fühlten, ihre Positionen durch besondere Leistungen zu festigen.

Im Junkers Motorenbau waren nach Eingliederung der Industrien der von Deutschland besetzten Länder rund 100000 Menschen beschäftigt. Der Anteil der Fremdarbeiter, Zwangsarbeiter und KZ-Häftlinge im Konzern stieg rapide an. Am Ende waren nicht mehr als zehn Prozent Deutsche im Gesamtkonzern beschäftigt. Kriegsbedingt häuften sich die Schwierigkeiten bei der Materialbeschaffung sowie beim Einkauf von Spezialmaschinen. Wegen der zunehmenden Bombenangriffe mußte die Pro-

duktion von 1943 an stark dezentralisiert werden, wurde teils unter die Erde, teils in stillgelegte Textilbetriebe in Sachsen verlegt.

Aufschlußreich dafür ist ein Telegramm, das Ulderup Anfang November 1943 an die zuständige Rüstungs-Inspektion in Dresden richtete. Darin wird gefordert:

»1. Freigabe der Zschopauer Baumwollspinnerei, Zweigwerk Gelenau, für die Verlagerung von Werkstätten aus unserem Zweigwerk Kassel, da durch die letzten Feindangriffe eine größere als bisher vorgesehene Verlagerung beschleunigt durchgeführt werden muß;

2. Anweisung an die Firma Moras in Zittau, daß die Gesamträume für die Verlagerung von Dessau für die Vorserienfertigung von Sondertriebwerken freizustellen sind;

3. Freigabe von 5000 qm als erste Rate zur Unterbringung von 1000 Mann für die Verlagerung des Luftschraubenbaus von Magdeburg nach Ebersbach.«

Wenige Wochen später war Ulderup als Werkleiter der Zittwerke AG in Zittau für den Serienbau des Strahltriebwerks Jumo 004 B verantwortlich.

Werksleiter in Zittau.
Rüstungsproduktion mit Zwangsarbeitern

Die Stadt Zittau, sächsische Kreisstadt am Oberlauf der Görlitzer Neiße, war über Jahrhunderte ein bedeutender Handelsplatz und das Zentrum der Oberlausitzer Textilindustrie.

Von 1943 an wurden wesentliche Teile der Junkers-Rüstungsproduktion hierher verlegt, und zwar in die Klein-Schönauer Kasernen am jenseitigen Neißeufer sowie in die langgestreckten Produktionshallen der Moras-Werke nahe dem Bahnhof.

Die Kasernenanlage zwischen Klein-Schönau und Poritsch, heute Siéniawa und Porajew, war erst 1938 errichtet und danach erweitert worden. Hier waren die Zittwerke seit dem 1. Mai 1943 Hausherr: Dies ergibt sich aus der Aussage eines Zittauer Bürgers, der an diesem Tag Leiter der Betriebsfeuerwehr der Zittwerke wurde.

Daß hier nicht nur Teile des Strahltriebwerks Jumo 004 produziert wurden, sondern auch Endmontage stattfand, wird daran deutlich, daß bei den Kasernen Motorenprüfstände gebaut wurden. Das Gelände liegt auf einer Höhe, nur einige hundert Meter vom Neißeufer entfernt, und hatte Gleisanschluß. Nahebei war ein Feldflugplatz angelegt worden.

Nach dem Zusammenbruch diente das Kasernengelände einige Wochen oder Monate als Sammellager für deutsche Kriegsgefangene vor dem Abtransport nach Rußland. Heute beherbergt der Komplex ein Krankenhaus, das Bürgermeisteramt und andere öffentliche und staatliche polnische Einrichtungen.

Die Gebrüder Moras AG, mechanische Weberei und Schlichterei, wurde Ende Juli 1943 von der Rüstungsinspektion in Dresden aufgefordert, betriebliche Räume für den Aufbau eines Junkers-Betriebes bereitzustellen. Die Akten der Moras-Werke über die Requirierung haben sich im Zittauer Stadtarchiv erhalten. Sie weisen aus, daß es bis ins Frühjahr 1945 hinein Auseinandersetzungen um die von den Junkers-Werken zunehmend beanspruchten Fabrikationsräume gab.

Obwohl es schon Anfang November 1943 eine Anweisung des Rüstungsministeriums an die Moras-Werke gab, »die Gesamträume für

Jürgen Ulderup, Leiter der Zitt-Werke AG, bei einer Betriebsfeier in Zittau an der Neiße 1944

die Verlagerung aus Dessau für die Vorserienfertigung von Sondertriebwerken freizustellen«, haben die Inhaber es verstanden, bis Kriegsende Teile ihrer Textilproduktion in den eigenen Hallen zu erhalten. Vertieft man sich in die Akten, fällt auf, daß Ulderup Verständnis für die Situation des Unternehmens aufbrachte, und daß er es vermied, den Beschlagnahmetitel, den er in der Hand hatte, zu vollstrecken. Heute sind die ehemaligen Moras-Werke Sitz der Baumwollweberei GmbH Zittau.

Die Produktion in Zittau wurde schrittweise ausgeweitet, gleichzeitig die Zuständigkeit der Zittwerke AG erweitert. Eine Notiz vom März

*Eingang zu den Zitt-Werken, einem ehemaligen Ka-
sernenkomplex, am östlichen Neißeufer, heute von
Polen für öffentliche Aufgaben genutzt*

1944 definiert: »Das Unternehmen stellt das
Kopfwerk für die Ostelbischen Betriebe des
Junkerskonzerns dar, z.B. auch der neu im Pro-
tektorat Böhmen-Mähren eingerichteten Betriebe.« Zu diesen Betrieben zählte ein Zweigwerk in Semil in der Tchechoslowakei, außerdem war Ulderup als Chef der Zittwerke von
1944 an auch für die Motorenwerke in Halberstadt nahe Quedlinburg zuständig.

Mit Ulderup kamen auch seine Frau Annelotte, der jetzt vier Jahre alte Sohn Peter und der
zweijährige Hansel nach Zittau. Sie bewohnten
zunächst ein Haus in der Stadt und zogen
später in den nahegelegenen Ort Eichgraben,
wenige Kilometer südlich, hart an der Grenze
zu Böhmen gelegen.

Das Stammpersonal der Zittwerke bestand
aus Fachleuten, die vornehmlich aus Dessau
und aus Magdeburg gekommen waren. Zu ihnen gehörte der Ingenieur Bernhard Faupel
(1904–1993), der am 1. Januar 1944 aus Dessau
nach Zittau versetzt worden war. Faupel, 1941
bei Junkers eingetreten, hatte zuletzt dem Mo-
torenstammwerk als Betriebsleiter vorgestan-
den und war während dieser Tätigkeit mit Ulderup bekannt geworden. Im Motorenzweig-
werk Zittau übernahm er die technische
Leitung, erhielt Handlungsvollmacht und
wurde der engste Mitarbeiter Ulderups, zuletzt
sein offizieller Vertreter.

Zusätzlich zu den Stammarbeitern wurden
Arbeitskräfte aus der Region für die Zittwerke
dienstverpflichet, Männer wie Frauen, auch
von den Moras-Werken. Den weitaus größten
Anteil an der Belegschaft aber stellten sogenannte Vertragsarbeiter aus besetzten Ländern:
Franzosen, Flamen, Wallonen und Italiener ein-
erseits, Polen, Ungarn und Weißrussen andererseits.

Diese aus den besetzten Gebieten rekrutier-
ten Arbeitskräfte werden gemeinhin unter dem
Begriff Zwangsarbeiter zusammengefaßt. Dafür gibt es gute Gründe, denn ohne Zwang
haben sich nur wenig Menschen in Westeuropa
wie in Osteuropa zur Rüstungsarbeit in
Deutschland verpflichtet. Es wurden große
Unterschiede gemacht zwischen Vetragsarbei-
tern aus westeuropäischen und solchen aus ost-
europäischen Ländern. Diese Unterschiede
bestanden in der Art der Rekrutierung, Unterbringung, Ernährung und Behandlung. Vertragsarbeiter war der offizielle Terminus für sie,
aber wie zum Hohn wurden sie auch Gefolgschaftsmitglieder genannt, gemäß der damaligen NS-Terminologie.

Als weiteres Arbeiterpotential für die Zittwerke kamen Ende 1944 und Anfang 1945 jüdische KZ-Häftlinge nach Zittau als einer Außen-
stelle des Konzentrationslagers Groß Rosen.
Das Kommando Zittau für Frauen ist zum erstenmal am 28. Oktober 1944 in den Unterlagen genannt. Das Männerlager wurde am
27. Januar 1945 eröffnet mit 250 Häftlingen, die
aus dem KZ Buchenwald überstellt wurden.
Durch Neuzugänge hat sich ihre Zahl beträchtlich erhöht. Schon im Februar soll ein großer
Transport mit 300 Häftlingen hinzugekommen
sein. Im ganzen waren wohl 700 männliche und
300 weibliche Häftlinge im Lager nahe den
Zittwerken untergebracht. Sie stammten über-
wiegend aus Ungarn und aus Polen. Ihre Ba-
racken waren mit Stacheldraht umzäunt und
von Wachtürmen umgeben.

Im Stadtarchiv befindet sich eine »Aufstellung der im Lager der Zitt-Werke verstorbenen
Häftlinge«, die im Zittauer Krematorium ein-
geäschert worden sind. Die Aufstellung nennt
266 Tote: 266 von rund 1000 KZ-Häftlingen innerhalb weniger Monate. Der kleinere Teil der
Toten ist mit Namen und Herkunftsland benannt; der weitaus größere Teil wurde namen-
los und ohne jeden Hinweis auf die Herkunft
registriert. Beim Standesamt Zittau ist der Tod
der Häftlinge nicht beurkundet worden.

ZITTWERKE AKTIENGESELLSCHAFT

BETRIEB ZITTAU

Eingegangen
2 1 OKT. 1944
Stadtsteueramt Zittau

R.BNr. 0/0158/5447

ZITTWERKE AG, BETRIEB ZITTAU · ZITTAU, POSTFACH 261

An den
Herrn Oberbürgermeister
Stadtsteueramt
Z i t t a u

Platz der SA

Drahtwort: Zittag-Zittau
Fernsprecher: Ruf 2941-43
Fernschreiber:

Bahnanschrift: Zittau HBF,
Expreß: Zittau HBF.
Konto: ADCA, Zittau

Ihre Zeichen   Ihre Nachricht vom   Unser Hausruf
—   —   8

Bei Antwort bitte stets mit angeben
Abteilung und Zeichen
Gefo-L Sch./M.

(0) ZITTAU
Bahnhofstraße 10
19.10.44

Betreff: Ausstellung von Steuerkarten

In der Anlage überreichen wir Ihnen die Aufstellung unserer
polnischen Gefolgschaftsmitglieder, die noch nicht im Besitz
der erforderlichen Steuerkarten sind. Die Polen sind in unserem Werkheim (Kasernengelände, Großporitsch) untergebracht.

Wir bitten um Ausstellung der Steuerkarten.

Heil Hitler!
Z i t t w e r k e A.G.
Betrieb Zittau

*Brief der Zitt-Werke an das Stadtsteueramt Zittau
wegen der Ausstellung von Steuerkarten für polnische Zwangsarbeiter*

Gearbeitet wurde in den Zittwerken, wie aus
den Unterlagen hervorgeht, in zwei Schichten
zu je zwölf Stunden in wöchentlichem Wechsel.
Das galt für die deutschen Mitarbeiter wie für
die Fremdarbeiter, auch für die jüdischen Häftlinge, die zumeist, abgesondert von den anderen, zu Erdarbeiten und Aufräumarbeiten her-
angezogen wurden und nur zum Teil in der
Produktion beschäftigt waren.

Von Anfang 1945 an trugen Zittau und Halberstadt die Hauptlast der Produktion des
Stahltriebwerks. Im Januar wurden 950 Trieb-
werke, im Februar 1100 und im März sogar
noch 1300 Strahltriebwerke fertiggestellt.

Für die deutschen Facharbeiter war Wohn-
raum in der Stadt und in den umliegenden Ort-
schaften bereitgestellt worden. Die Zwangsarbeiter lebten in sogenannten Werkheimen der
Zittwerke auf dem Kasernengelände, nach
West- und Osteuropäern getrennt. Die Verpfle-
gung erfolgte separat für SS-Leute, deutsche
Arbeitskräfte, Westeuropäer, Osteuropäer. Die

Häftlinge wurden im KZ-Block gesondert –
und nach Zeugenaussagen höchst unzureichend
– verpflegt.

Die Antwort auf die Frage, was die Bevölke-
rung der Stadt von diesen Vorgängen und von
der Rüstungsproduktion der Zittwerke gewußt
hat, heißt nach Aktenlage: wenig. In der Zeitung stand kein Wort über die Zittwerke, und
die beteiligten Behörden wie die Beschäftigten
hüteten sich, darüber zu sprechen. Sie alle waren zu strenger Geheimhaltung verpflichtet.
Darüber, was eigentlich produziert wurde, gab
es deshalb nur Mutmaßungen. Hinter vorgehal-
tener Hand wurde von Flugzeugteilen und
auch von Flugmotoren für Junkers gesprochen,
aber Genaues wußte damals niemand. Einer der
Zwangsarbeiter hat nach dem Krieg guten Glau-
bens zu Protokoll gegeben, er hätte in den Zittwerken an der Produktion der Rakete »V 2«
mitgearbeitet.

Zittau bot im Sommer 1944, als die meisten
deutschen Städte schon in Schutt und Asche
lagen, äußerlich noch einen friedensmäßigen
Anblick. Im Stadttheater wurden Opern und
Operetten aufgeführt, auch Theatervorstellun-
gen und Konzerte fanden noch statt.

Die Zittauer Nachrichten, amtliche Zeitung
der NSDAP, erschien täglich, wenn auch des
Papiermangels wegen in stark verringertem
Umfang. Auf der Titelseite strotzte das Blatt
von NS-Propaganda und Durchhalteparolen,
aber im Innern gab es einen kleinen Lokalteil
mit zweckdienlichen Mitteilungen ohne politische Indoktrination.

Mitteilungen des Standesamtes über Ehe-
schließungen wurden nur bis zum Frühjahr
1944 veröffentlicht. So suchen wir vergeblich
eine Notiz über die Trauung des Obergefreiten
Hans-Joachim Hesse mit Margot Raue, der
jüngeren Schwester von Annelotte. Annelotte
und Jürgen Ulderup haben die Hochzeit in Zittau ausgerichtet, und dazu kam auch Mutter
Raue aus Dresden angereist.

Annelotte Ulderup, so ist zu vermuten, hat
sich mit den Kindern in Zittau und Eichgraben
wohl gefühlt. Sie war von ihrem Mann nicht getrennt, Mutter und Schwester wohnten nicht
weit entfernt.

Die Söhne Peter und Hansel waren mehrfach
zu Besuch bei der Großmutter in Dresden, wo
sie Mitte Februar in den schweren Bombenan-
griff gerieten, der die Innenstadt zerstörte. Sie
haben ihn im Keller des getroffenen Hauses unversehrt überstanden.

Gedenkstein im Urnenhain in Zittau für die Zwangsarbeiter der ehemaligen Zitt-Werke

Bald darauf hielt Jürgen Ulderup es für richtig, seine Familie nach Schleswig-Holstein in Sicherheit zu bringen. Zu diesem Zeitpunkt war Zittau voll von Evakuierten und Flüchtlingen. Auch Sudetendeutsche drängten bereits – in Sorge vor Racheakten der Tschechen – über die Grenze ins Reich.

Ziel der Ulderup-Familie war der Ort Neuenrade bei Neumünster. Gemeinsam mit Werner und Hilde Schmidt aus Remscheid, und deren vier Töchtern, machte Annelotte sich mit den Söhnen auf den Weg. Es muß Ende März oder Anfang April 1945 gewesen sein, und auch die Mutter und Schwester Margot schlossen sich an. Werner Schmidt war Mitinhaber der Werkzeugfabrik Herbertz & Schmidt in Remscheid-Hasten. Er und seine Frau sollen gute Bekannte der Familie Raue gewesen sein.

In Neuenrade wartete Frau Annelotte mit den Kindern auf ihren Mann, während Mutter und Schwester in Flensburg von Dr. Wilhelm Ulderup und seiner Frau Margarete aufgenommen wurden.

Pflichterfüllung als moralischer Imperativ.
Am Ende den Kopf riskiert

Jürgen Ulderup hat als führender Junkersmanager erst spät erkannt, daß der Nationalsozialismus das deutsche Volk ins Unglück führte, daß der so bedenkenlos begonnene Krieg schon 1943 verloren war und die von Deutschen begangenen Gewaltverbrechen auf Deutschland zurückfallen würden. Vielleicht hatte sein berufliches Engagement ihm nicht Zeit genug gelassen. Und wahrscheinlich hatte er sich, wie die meisten Deutschen, von den anfänglichen Kriegserfolgen täuschen lassen, und sich danach an Hoffnungen geklammert, die sich nach Lage der Dinge nicht erfüllen konnten.

Erst Anfang 1945 wuchs in ihm die Erkenntnis, daß für Deutschland bereits alles verloren war, und daß nichts und niemand die Alliierten davon würde abhalten können, den Krieg nach Deutschland hineinzutragen. Als die Produktion in den Zittwerken in den letzten Kriegswochen ohnehin nur noch stockend lief und die Front immer näher rückte, ordnete er an, alle freiwerdenden Arbeitskräfte, Deutsche wie Fremdarbeiter, Männer und Frauen aus der Dienstverpflichtung zu entlassen: gegen alle Bestimmungen und gegen die Durchhalteparolen der Partei.

Für Ulderup war es keine Frage, daß er selbst auf seinem Posten auszuharren, seine Pflicht bis zum Letzten zu erfüllen hatte. Anfang April 1945 geriet er ins Visier von SS und Gestapo, der Geheimen Staatspolizei. Unter der schwerwiegenden Beschuldigung des Defätismus und der Wehrkraftzersetzung wurde er verhaftet, und es ist ein Wunder, daß er mit dem Leben davongekommen ist.

Die Produktion des Strahltriebwerkes Jumo 004 genoß damals allerhöchste Priorität, und Ulderup tat alles, die geforderten Produktionszahlen zu erreichen und wenn möglich zu überbieten. Er pendelte zwischen Büro und Werkhallen, zwischen Zittau und Prag, Dessau und Halberstadt, kümmerte sich um rechtzeitige Zulieferungen und um Transportkapazitäten, legte Rechenschaft ab und stellte Forderungen, rügte Versäumnisse, lobte und ermutigte Mitarbeiter.

Was er beobachtete und was ihm berichtet wurde, trieb ihm oft die Zornesröte, auch Schamröte ins Gesicht. Er zögerte nicht, Unrecht abzustellen, wo er es vermochte, er stärkte denen den Rücken, die Zwangsarbeitern und KZ-Häftlingen das Leben im Betrieb erleichtern wollten. Daß er dabei in Gegensatz zu den örtlichen NS-Machthabern geriet, liegt auf der Hand.

Aufschlußreich ist in diesem Zusammenhang, daß Ulderup vom NS-Staat niemals ausgezeichnet worden ist, obwohl er an der »Rüstungsfront«, wie es damals hieß, in führender Position tätig war. Im Gegensatz zu anderen Industrieführern und Managern erhielt er weder ein Verdienstkreuz noch den schmeichelhaften Titel eines Wehrwirtschaftsführers.

Erhaltene Dokumente weisen aus, wie er in Zittau regelmäßig mit Partei- und Staatsorganen in Konflikt geriet. Ursache waren Unvermögen, offensichtliches Unrecht und auch Untaten, deren Auswirkungen bis in den Betrieb hineinreichten. Schlecht ernährte Fremdarbeiter fielen während ihrer Zwölfstundenschicht an den Werkbänken entkräftet um; im KZ-Lager starben Häftlinge in großer Zahl an den Folgen von Hunger und Erschöpfung; SS-Wachen erlaubten sich Übergriffe gegen jüdische Frauen und Mädchen. Das empörte ihn aus menschlichen Gründen über alle Maßen, auch weil es sich negativ auf die Produktion auswirkte.

Ulderup zog es vor, sich in solchen Fällen selbst mit den verantwortlichen Personen und Dienststellen anzulegen, und die Auseinandersetzungen nicht seinen Mitarbeitern zu überlassen. Er umging häufig behördliche Vorschriften oder setzte sich einfach über sie hinweg. Wie zeitgenössische Aussagen von Beteiligten und auch Häftlingsaussagen bestätigen, hat er sich sowohl für deutsche Mitarbeiter eingesetzt, die in Schwierigkeiten mit der Partei oder den Staatsorganen geraten waren, wie für ausreichende Ernährung und menschenwürdige Unterkunft der Dienstverpflichteten. Polnischen Zwangsarbeitern gewährte er Urlaub, jüdischen Frauen wies er im Betrieb leichte Arbeit

Kreisleiter i.K.   Zittau, am 3. Mai 1945.
C./R.

An den
Gauleiter und Reichsverteidigungskommissar
Pg. Mutschmann,

D r e s d e n .

Gauleiter !

Anlässlich der letzten Dienstbesprechung hatte ich Sie bereits
von der Inhaftsetzung der Betriebsführer der hiesigen Zitt- und
Phänomen-Werke unterrichtet. Ueber die Gründe zu dieser Mass-
nahme darf ich heute noch folgendes mitteilen:

Direktor Ulderop war nach mehrtägiger Abwesenheit von Hamburg
und Halberstadt nach Zittau zurückgekommen und hat bei einer Besprechung mit 13 führenden Angestellten über seine Erlebnisse
und Eindrücke berichtet. Seine Ausführungen müssen jedoch
derart niederschmetternd gewesen sein, dass einige Teilnehmer
die Auffassung vertreten mussten, dass der Krieg für Deutschland
endgültig verloren und jeder weitere Widerstand sinn- und zwecklos sei.

Brief vom 3. Mai 1945 an den Gauleiter und Reichsverteidigungskommissar Mutschmann in Dresden über die Verhaftung Ulderups in Zittau

zu. Es ist aufschlußreich, daß unter den Häftlingsaussagen, die nach dem Krieg von internationalen Gremien gesammelt worden sind, sich nicht eine einzige gegen Dr. Jürgen Ulderup, den Werksleiter, richtet.

Die permanente Auseinandersetzung mit den Partei- und Staatsorganen wie mit der SS gipfelte schließlich im April 1945 in seiner Verhaftung. Er selbst hat darüber im Oktober 1945 in einer Anlage zum großen Fragebogen der Alliierten die folgende Darstellung gegeben:

»Gegen Ende des Krieges, als Technischer Leiter der Zittwerke AG in Zittau, bin ich am 13. April 1945 wieder in Haft genommen worden, weil ich in einer Sitzung von meinen Abteilungsleitern die Maßnahmen der Partei und auch bestimmte Methoden und Parolen von Himmler kritisierte. Außerdem wollte ich diejenigen Mitglieder der Gefolgschaft zu ihren Familien nach Mitteldeutschland entlassen, die wegen Mangel an Material aufgrund der Verstopfung der Transportwege durch Bombardierungen, entbehrt werden konnten. Der Haftbefehl lautete auf Festnahme wegen Zersetzung

der Wehrkraft und Sabotage. Ich sollte erst nach Dresden überführt werden, um erschossen zu werden, bin dann aber wegen Frontnähe nach Prag überführt worden und, wie ich nachträglich erfahren habe, auf direkte Anweisung vom SS-Hauptamt in München, SS-Obergruppenführer Kammler, aus dem Gefängnis entlassen worden. Danach mußte ich unter Bewachung des SS-Untersturmführers Schlegel arbeiten, da die Fabrikation absolut führerlos geworden war. Erst wenige Stunden vor der Besetzung machte sich Schlegel aus dem Staube, so daß ich mich erst dann wieder frei bewegen konnte.«

Der jüngste Fund in dieser Angelegenheit konnte im Zittauer Stadtmuseum gemacht worden. Dort befindet sich eine dünne Akte über die Zittwerke, und in ihr die Kopie eines Briefes, den der Kreisleiter der NDSAP, Cortes, am 3. Mai 1945 an den Gauleiter und Reichsverteidigungskommissar Mutschmann in Dresden geschrieben hat. Dieser Brief bestätigt die Aussagen Ulderups und seiner ehemaligen Mitarbeiter in vollem Umfang. Cortes erinnert in

42

ihm daran, daß er Mutschmann bereits mündlich über die »Inhaftsetzung des Betriebsführers der Zittwerke« berichtet habe, und teilt zusätzlich mit:

»Direktor Ulderup war nach mehrtägiger Abwesenheit von Hamburg und Halberstadt nach Zittau zurückgekommen und hat bei einer Besprechung mit dreizehn führenden Angestellten über seine Erlebnisse und Eindrücke berichtet. Seine Ausführungen müssen jedoch derart niederschmetternd gewesen sein, daß einige Teilnehmer die Auffassung vertreten mußten, daß der Krieg für Deutschland endgültig verloren und jeder weitere Widerstand sinn- und zwecklos sei. Ulderup hat nach der Auskunft der Geheimen Staatspolizei sinngemäß erklärt: Deutschland würde keine Waffen mehr besitzen, weiterer Widerstand bzw. weitere Opfer seien unsinnig, und auf den Einwand eines Abteilungsleiters, daß die Haltung der Volksgenossen bis jetzt noch vorbildlich gewesen sei, habe er erwidert, daß alles Lug und Trug sei, daß er einmal dieselben Ideale wie der Abteilungsleiter Thöle gehabt habe, aber daß es jetzt aus sei, restlos aus. Direktor Ulderup ist in der Zwischenzeit nach Prag überführt worden, um den dortigen Herren des Unternehmens für evtl. wichtige technischen Fragen gelegentlich zur Verfügung zu stehen.«

Kopie dieses Briefes hat der Kreisleiter Cortes an das NSDAP-Kreisgericht geschickt mit der Empfehlung, Ulderup durch einstweilige Verfügung aus der NSDAP auszuschließen. Berufungsmöglichkeit sollte ihm nach dem Krieg gegeben werden.

Ein gespenstischer Brief, sechs Tage vor der bedingungslosen Kapitulation Deutschlands geschrieben. Manches darin ist ungereimt, wie die Nennung von Hamburg als zweitem Ziel der Dienstreise Ulderups, manches ist aufschlußreich. So läßt die namentliche Hervorhebung des Abteilungsleiters Thöle vermuten, daß er der Zuträger für die Gestapo gewesen sein könnte. Und der ganze Vorgang selbst könnte gespenstisch genannt werden, wäre er nicht mit tödlicher Gefahr für Ulderup verbunden gewesen.

In jenen Tagen herrschten Chaos und Willkür im ganzen Land. Auch in Zittau wurden damals Deutsche ohne viel Federlesens aufgeknüpft. Standgerichte waren schnell gebildet, und sie waren berechtigt, in vereinfachtem Verfahren Urteile zu fällen und sogleich zu vollstrecken.

Bescheinigung über die Verwahrung Ulderups Ende April 1945 im Deutschen Polizeigefängnis in Prag

Daß Ulderup zunächst zum Erschießen nach Dresden hätte gebracht werden sollen, dafür hat sich kein Beleg finden lassen. Vielleicht hat die Gestapo ihn mit dieser Androhung nur »weichklopfen«, d. h. gefügig machen wollen.

Seine Überstellung nach Prag und die bedingte Freilassung unter SS-Aufsicht ist in erster Linie der dortigen Werkleitung zu verdanken. Besonders Walter Schulze hat sich für ihn eingesetzt und ist, nach Angaben seiner Frau, mehrfach nach Brüx gefahren, wo Ulderup einsaß. Brüx heißt heute Most und liegt etwa 75 km nordwestlich von Prag in Tschechien.

Mit dem Hinweis, daß die Produktion des Stahltriebwerks Jumo 004 aufgrund des Ausfalls von Ulderup gefährdet wäre, wandte sich Schulze wohl auch an das SS-Hauptamt in München und hatte Erfolg. Am 25. April wurde Ulderup in das deutsche Polzeigefängnis Prag-Pangratz gebracht, wo er noch bis zum 27. April festgehalten wurde. Die Bescheinigung über seinen Aufenthalt im Polizeigefängnis Pangratz, ausgestellt vom Kommandeur der Prager Sicherheits-Polizei zur Vorlage beim Ernährungsamt, hat er zeitlebens aufbewahrt.

Im Junkers-Werk Prag war er dann noch etwa eine Woche lang tätig. Wie sich Frau Hilde Schulze erinnert, hatte er in den ersten Maitagen Lohngelder nach Trautenau zu bringen und konnte danach wegen der beginnenden Unruhen nicht nach Prag zurück. So ist er dann wohl noch einmal nach Zittau gefahren. Walter Schulze aber wurde am 3. Mai im Zweigwerk Lodewitz von aufständischen Tschechen festgesetzt und beim Abtransport am 5. Mai mit dreizehn anderen Junkersleuten aus dem Zug geholt und am Bahndamm erschossen.

Auf der Suche nach neuer wirtschaftlicher Existenz.
Über Bremen an den Dümmer

An welchem Tag im Mai 1945 Jürgen Ulderup seine Familie in Neuenrade bei Neumünster erreicht hat, ist nicht bekannt; auch nicht, welchen Weg er von Zittau aus nahm, wieviel Ängste er ausgestanden haben mag, welchen Gefährdungen er ausgesetzt gewesen sein kann. Von einem Fahrrad, das er benutzt hat, ist die Rede, und allem Anschein nach hat er sich allein durchgeschlagen, ohne einen Gefährten.

Peter Ulderup erinnert sich aus Erzählungen, daß der Vater vor dem Aufbruch in Zittau seinen Fahrer mit dem Auto losgeschickt hätte, dessen Familie einzuladen und ihn dann abzuholen. Der Fahrer wäre aber nicht zurückgekommen, und so hätte der Vater das Fahrrad genommen.

In Neuenrade galt es für die Ulderups, erst einmal über die nächsten Wochen hinwegzukommen. Dafür waren die Voraussetzungen auf dem Lande besser als in den zerstörten Städten. Annelotte und Jürgen versuchten, sich in der Landwirtschaft nützlich zu machen, arbeiteten auf dem Felde mit.

Neuenrade war Rettung, aber keine Lösung für die Zukunft. Die Unterbringung war beengt und karg, der Umgang mit den Einheimischen nicht problemlos. Sobald es möglich war, nahm Ulderup deshalb Kontakt zu seinem Vater im nicht allzuweit entfernten Flensburg auf. Kapitän Wilhelm Ulderup war umtriebig wie eh und je und konnte dort gute Beziehungen zur britischen Besatzungsmacht aufbauen. Er hatte in den Augen der Besatzungsbehörden eine reine Weste, sprach gut englisch, war Kapitän und alter Marineoffizier, und er hatte noch Kap Horn umsegelt!

Im großen Fragebogen der Alliierten konnte Wilhelm Ulderup alle Fragen nach der Mitgliedschaft in einer der zahlreichen NS-Organisationen verneinen. Das »Clearance Certificate« der Militärregierung, die Unbedenklichkeitsbescheinigung, die ihm daraufhin ausgestellt wurde, bestätigt diesen Tatbestand mit dürren Worten: »Ulderup Wilhelm, Flensburg, Marienhölzungsweg 44, Dr. rer. pol., Personalausweis Nr. AS 654768, has had no NAZI connections.«

Anfang 1946 wurde er von den Engländern als Verkehrsminister für Schleswig-Holstein eingesetzt. Ein Certificate darüber, ausgestellt in englischer Sprache vom Oberpräsidenten der Provinz am 14. Februar 1946 in Kiel, besagt:

»Dr. Ulderup is the Head of Schleswig Holstein transport and traffic. His responsibility is to contact with all people interested in transport and traffic who have to co-operate with traffic in Schleswig Holstein, to ascertain all necessities of traffic, wants and suggestions, which are required for improving the traffic in Schleswig Holstein.«

Wilhelm Ulderup vermittelte im Sommer 1945 die Wiederaufnahme der persönlichen Beziehungen zwischen seinem Sohn Jürgen und dem Industriellen Theodor Klatte in Bremen. So steht es in einer Aufzeichnung über die Beziehungen Klattes zu den Ulderups aus dem Jahre 1950. Die Bekanntschaft rührte aus dem Krieg her, als Klatte Abgasanlagen für Junkersflugmotoren lieferte und Ulderup Leiter des Technischen Hauptbüros für Motorenbau in Dessau gewesen war.

Theodor Klatte (1893–1962) gehörten als Alleininhaber zwei Unternehmen in Bremen-Huchting und in Weener/Ostfriesland nahe Leer. Er war Mitglied der NSDAP und Wehrwirtschaftsführer gewesen. In seinen Werken beschäftigte er während des Krieges bis zu 3000 Menschen, zum großen Teil Zwangsarbeiter und KZ-Häftlinge. Nach Kriegsende fiel er unter das Gesetz Nr. 52 der Militärregierung, das belasteten Deutschen jegliche Verfügungsgewalt über Betrieb und Vermögen entzog. Für das Werk Bremen-Huchting wurde von der amerikanischen Besatzungsmacht ein Treuhänder eingesetzt, für das Werk Weener in der britischen Zone wurde er selbst zum Treuhänder bestellt. Die Amerikaner, die rigoros gegen ehemalige Nationalsozialisten vorgingen, nahmen ihn zweimal für kurze Zeit in Haft.

Mit Ulderup wurde vereinbart, daß dieser bereits vom 1. August 1945 an als Mitarbeiter von Klatte auftreten und bei der Materialbeschaffung für einen projektierten englisch-amerikanischen Auftrag zur Herstellung von Teilen

Theodor Klatte (1893–1962), Zulieferer für die Junkers-Motorenwerke, beschäftigte Ulderup in den ersten Nachkriegsmonaten in Bremen

für ein Düsenjägerprogramm behilflich sein sollte. Dieses Projekt, das im Nachhinein wie ein Stück aus dem Tollhaus, zumindest wie aus Wolkenkuckucksheim anmutet, zerschlug sich bald.

Klatte stellte daraufhin sein Fabrikationsprogramm auf die Herstellung von Herden und Kücheneinrichtungen sowie von medizinischen Instrumenten um. Nun war es die Aufgabe Ulderups, die notwendigen Materialien für das neue Programm zu beschaffen: aufgrund seiner aus der Junkers-Tätigkeit herrührenden guten Beziehungen zu Lieferanten, wie ausdrücklich festgehalten ist.

Zu diesem Zweck wurde die Gründung einer besonderen Gesellschaft zur Materialbeschaffung und für den Vertrieb der Klatte-Erzeugnisse betrieben. Man kam überein, von Wilhelm Ulderup eine GmbH mit 40000 Reichsmark Gesellschaftskapital in Flensburg gründen zu

lassen. Das Geld sollte von Klatte kommen, aus schwarzen Fonds, weil ihm der Zugriff auf die offiziellen Konten versagt war. Die Reichsmark war noch immer gültige deutsche Währung, und sie blieb es entgegen vielen Erwartungen noch drei Jahre lang bis zur Währungsreform von 1948.

Als Klatte Schwierigkeiten hatte, das Geld aufzutreiben, die Voraussetzungen für die Gesellschaftsgründung im Sommer 1945 aber gut waren, schoß Wilhelm Ulderup einer Aufzeichnung von 1950 zufolge das Kapital aus eigenem Vermögen vor. Er selbst zeichnete formell 35000 RM, die restlichen 5000 RM wurden von einem Strohmann gehalten, dem Fabrikanten Otto Rathje aus Flensburg, einem angeheirateten Vetter Ulderups. Rathje schied bald aus, so daß die GmbH als Einmann-Gesellschaft fortbestand. Anfangs sollte sie Nordische Metallwaren-Gesellschaft mbH heißen, und Großhandels- und Produktionsbetrieb zugleich sein. Diesem Anspruch widersetzte sich die Industrie- und Handelskammer in Flensburg, die sich auch gegen die – nach ihrer Auffassung zu weit ausgreifende – Bezeichnung »Nordische« wandte. So wurde schließlich der Name Norddeutsche Metallwaren-Handelsgesellschaft mbH gewählt. Als Kurzfassung bürgerte sich der Name Nordmetall ein.

Für die Rentenversicherung ist Ulderup später bescheinigt worden, daß er vom 1. Juli bis 31. Oktober 1945 als Mitarbeiter im Hause Klatte beschäftigt war. Die Lemförder Metallwarengesellschaft bestätigte ihm ein Angestelltenverhältnis vom 1. November 1945 an bei Nordmetall.

Schon am 5. August 1945 hatte Klatte der Nordmetall in aller Form den Einkauf wie den Vertrieb seiner Erzeugnisse übertragen. Die Frage eines Entgelts blieb zunächst offen, doch Anfang 1946 wurde vereinbart, daß die Gesellschaft dem Unternehmen Klattes eine Provision von 10 Prozent in Rechnung stellen und damit ihre Ausgaben bestreiten sollte. Der erhoffte Gewinn sollte zwischen beiden Parteien geteilt werden.

Für den Aufbau der Gesellschaft stellte Klatte, teilweise durch seine Tochter Eva Bollmeyer, nacheinander insgesamt 426000 RM zur Verfügung. Die einzelnen Beträge wurden als Darlehen oder Einzahlungen eines stillen Teilhabers verbucht. Auf diese Weise konnte Klatte größere Vermögensteile vor möglicher Beschlagnahme in Sicherheit bringen.

Keimzelle des Ulderupschen Unternehmens: das Hannoversche Berghaus mit Scheune und Tanzsaal am Lemförder Berg

Die Geschäftsräume der Gesellschaft befanden sich anfangs im Werk Huchting, wo Jürgen Ulderup seit August 1945 im Hause Klatte, Heerstraße 35, auch polizeilich gemeldet war. Im Oktober zog er mit seiner Familie in eine von Klatte auf dem Werksgelände hergerichtete Barackenwohnung. Im Jahre 1946 wurde ein Zwischen- und Auslieferungslager nebst Büro in Lemförde nahe dem Dümmer im Landkreis Grafschaft Diepholz eingerichtet.

Lemförde hatten Klatte und Ulderup schon seit August 1945 im Blick, weil Klatte dort im Krieg Räumlichkeiten und Terrain für Auslagerungszwecke genutzt hatte. Zum 1. März 1946 konnte das Hannoversche Berghaus mit Nebengebäuden von den sogenannten Berginteressenten in Lemförde auf fünf Jahre gepachtet werden. Das Berghaus lag am Lemförder Berg, einem Ausläufer des Stemweder Berges. Mit der Pacht war die Verpflichtung zur Instandsetzung und zum Unterhalt verbunden, auch für den angebauten Tanzsaal und eine kleine Scheune, die Klatte als Jagdhaus genutzt hatte. Ferner stand der Gesellschaft der Torso einer von Klatte begonnenen, 800 qm großen, barak-

kenähnlichen Produktionshalle samt Zufahrtstraße zur Verfügung. Hier eine eigene Metallwaren-Produktion aufzuziehen, hatte Ulderup im Sinn.

Im späten Frühjahr 1946 zogen die Ulderups mit anderen Familien in das Hannoversche Berghaus ein, während der ehemalige Tanzsaal für Lagerzwecke hergerichtet wurde. Schritt für Schritt sollte dann auch der etwa 500 m entfernt liegende Barackentorso fertiggestellt und genutzt werden. Die Gesellschaft bot jetzt folgendes Bild:

Formal lag sie noch immer in Händen von Dr. Wilhelm Ulderup, materiell aber hatte allein Dr. Jürgen Ulderup das Sagen. Vorfinanziert wurde sie von Theodor Klatte. Ihr Sitz war Flensburg, das Büro befand sich in Bremen, doch die Geschäftsführung lag nun in Lemförde.

Es wird Ulderup aus mehreren Gründen recht gewesen sein, sich an diesem Ort niederlassen zu können. Hier lebte er in der britischen und nicht mehr wie in Bremen in der amerikanischen Besatzungszone. Hier war er zudem weniger im Blickpunkt der Besatzungsmacht, ihrem Zugriff nicht mehr unmittelbar ausgesetzt.

Jürgen Ulderup mußte wegen seiner Mitgliedschaft in der NSDAP sowie in der Reiter-SS damals mit Repressalien der Siegermächte rechnen. Außerdem war er formal wie Klatte durch das Militärgesetz 52 an jeder leitenden Betätigung in der Wirtschaft gehindert. Daß er Parteimitglied gewesen war, daraus hatte er gegenüber den Siegermächten keinerlei Hehl gemacht. Es ist eine vierseitige Ausarbeitung von ihm aus dem September 1945 erhalten geblieben über den »Ablauf der Aktionen zur Beschaffung von Betriebseinrichtungen und Werkzeugmaschinen aus den besetzten Ländern für die deutsche Rüstungsindustrie in den Kriegsjahren 1939/1945«. Dieser Aufzeichnung hat er eine kurze Vita vorangestellt, in der es am Ende heißt: »Mitglied der Partei ab 1938, ohne Amt und Mitarbeit«. Das maschinengeschriebene Papier liegt auch in einer englischen Fassung vor und war offensichtlich für eine Besatzungsmacht, die englische oder amerikanische, vielleicht auch für beide bestimmt. Spätestens von diesem Zeitpunkt an waren Engländer und Amerikaner über seine NSDAP-Mitgliedschaft unterrichtet, nicht dagegen über die Zugehörigkeit zur SS.

Unter dem Datum des 13. Oktober 1945 hat auch Ulderup dann den umfangreichen Fragebogen der Militärregierung ausgefüllt, mit dem alle Deutschen, die in einer der drei Westzonen eine selbständige oder leitende Tätigkeit in der Wirtschaft aufzunehmen oder weiter auszuüben beabsichtigten, über ihre Verbindung zu den unterschiedlichen NS-Organisationen und zu den Staatsorganen des Nazireiches ausgeforscht wurden.

Im Fragebogen war den Anordnungen zufolge jede einzelne Frage genau und gewissenhaft zu beantworten. In Ermangelung von ausreichend Platz konnten gesonderte Bogen angeheftet werden. Ulderup hat ausführliche Erklärungen zu den Fragen 41 und 115 beigefügt, seine Mitgliedschaft in der Partei, die Inschutzhaftnahme im November 1934 sowie die Verhaftung in Zittau betreffend.

Ein Clearance Certificat der Militärregierung hat er – anders als sein Vater – daraufhin nicht erhalten. Das hatte zur Folge, daß er im Zusammenhang mit der Gesellschaft noch längere Zeit offiziell nicht in Erscheinung treten durfte und bei Eintragungen in das Handelsregister noch für Jahre ausgesperrt blieb.

Der Beitrag, den die deutsche Industrie vor dem Zweiten Weltkrieg und während des Krieges zur Rüstungsproduktion geleistet hatte, galt den Siegermächten als Mitschuld an den Verbrechen des Hitler-Regimes. Daß es am Ende nur zu einer Art Symbolprozeß gegen die Leiter des Flick-Konzerns, der IG Farben und des Hauses Krupp kam, war vorher nicht abzusehen.

Peter Ulderup erinnert sich aus späteren Gesprächen im Familienkreis an ein zusätzliches Argument für die Ansiedlung in der abgelegenen Dümmerregion. Alle Besatzungsmächte waren damals darauf aus, sich deutsche Entwicklungen zu sichern, die Gewinn für die eigene Technik und Forschung versprachen. Das amerikanische »Project Paperclip« steht beispielhaft dafür. Gleich nach Kriegsende hatten die Amerikaner unter Leitung des bekannten Ozeanüberfliegers Charles Lindbergh das gesamte Junkersarchiv aus Dessau abtransportiert. Junkers-Konstrukteure und Techniker wurden verpflichtet, in den USA ebenso wie in Großbritannien, Frankreich und in der Sowjetunion, ihre Entwicklungsarbeiten fortzusetzen und an neuen Projekten mitzuarbeiten. Lemförde schien Jürgen Ulderup eine Zuflucht auch vor einer solchen »Verpflichtung« zu sein.

Die Anfänge am Lemförder Berg.
Im Auftrag und auf Rechnung von Klatte

Bereits im August 1945 wurden von Huchting wie von Flensburg aus erste Anträge an das Landratsamt in Diepholz wie an den Oberpräsidenten der Provinz Hannover und an die britische Militärregierung wegen einer Niederlassung in Lemförde gestellt. Zur Produktion von Klein-Metallwaren sowie für Materialbeschaffung und Auslieferung von Fertigerzeugnissen für verschiedene Metallwarenfabriken im Norddeutschen Raum, wie es hieß.

Um die Zulassung zu fördern, ließ Ulderup sich einfallsreich schon im Oktober 1945 vom Lemförder Modenhaus Meyer, Abteilung Eisenwaren, beauftragen, den »Bedarf an Werkzeugen für die Landwirtschaft und Bauhandwerker sowie die Geräte für Haushalte« zu beschaffen und einzukaufen. Im März 1946 bestätigte Meyers Modenhaus der Gesellschaft, als einzige Großhandelsfirma Metallwaren für Haushaltungen und Landwirtschaft sowie Werkzeuge in nennenswertem Umfang in die Region geliefert zu haben und das alteingesessene Unternehmen befürwortete die Errichtung einer selbständigen Niederlassung der Nordmetall in Lemförde.

Dem Landratsamt des Kreises Grafschaft Diepholz stellte Ulderup in Aussicht, bei Genehmigung einmal 50 Arbeitskräfte in Lemförde beschäftigen und pflichtgemäß auch eine Anzahl Kriegsbeschädigter einstellen zu können. Dem Oberpräsidenten in Hannover konnte er daraufhin bereits im September die Zustimmung des Landrats wie des Bürgermeisters mitteilen. Den Energiebedarf der beantragten Niederlassung bezifferte er mit 100 bis 200 Kilowatt, und als beabsichtigte Produktionspalette nannte er Metallschläuche, landwirtschaftliche Werkzeuge, Reißverschlüsse, Kochplatten und Schlösser.

Im Januar 1946 kam die Nachricht aus Hannover, daß gegen die Errichtung eines Auslieferungslagers der Nordmetall in Lemförde keine Bedenken bestünden. Das war ein Teilerfolg, der es gestattete, den Aufbau der Niederlassung am Lemförder Berg voranzutreiben, wenn auch zunächst ohne Produktionsberechtigung.

Nach wenigen Monaten, im Mai, konnte dann mit der Instandsetzung des Hannoverschen Berghauses als Sitz der Gesellschaft und Vertriebslager begonnen werden. Bis dahin hielten ukrainische Zwangsarbeiter das Gebäude besetzt. Die Ukrainer waren dort im Krieg untergebracht gewesen und hatten sich der Rückführung in ihre Heimat widersetzt. Als sie repatriiert werden sollten, flüchteten sie in den Wald und kehrten erst zurück, als die britischen Soldaten mit ihren Fahrzeugen wieder abgezogen waren. Nach ihrem Auszug aus dem Berghaus wurde das Anwesen »sehr stark mißhandelt, ausgeplündert und beschädigt« vorgefunden, wie es in einem Brief an das Landratsamt heißt.

Viele Einzelheiten über die Anfänge am Lemförder Berg sind in einem Bericht enthalten, der von Toni Conrads stammt, der als einer der ersten am 15. März 1946 in das Unternehmen als Industriekaufmann eintrat. Conrads war im November 1945 mit Ulderup bekanntgeworden: im Hause seiner Schwiegermutter Alwine Meyer, der Inhaberin von Meyers Modenhaus in der Hauptstraße. Ein Zimmer im Hause Meyer diente anfangs als Büro, und als erste Mitarbeiterin wurde Marianne Treffner, die aus Bremen mitgekommen war, als Stenotypistin eingestellt. Nächster Mitarbeiter wurde am 1. Dezember ein aus Ostfriesland stammender junger Mann namens Ludwig Straatmann.

Straatmann ist in die Unternehmensgeschichte eingegangen, weil er zum ersten Betriebsausflug, im Sommer 1947, nach dem nahegelegenen Bad Essen launige Verse verfaßte, in denen alle Mitarbeiter, der Chef eingeschlossen, charakterisiert und, salopp gesagt, auf die Schippe genommen wurden. Aus dem Prolog zu Straatmanns Bierzeitung zitieren Vorstandsmitglieder noch heute gern den Vers:

> »Wir alle bau'n am selben Fundament
> und schichten aufeinander Stein für Stein,
> bis man uns überall mit Namen kennt.
> Und dann noch soll nicht Feierabend sein!«

Ende April 1946 hat Ulderup den Antrag auf eine Produktionsgenehmigung für Lemförde bei den Provinzbehörden in Hannover erneuert. Jetzt war von der Errichtung einer Werkstatt für zunächst fünf Mann zur Herstellung von Klein-Metallwaren die Rede. Und als Produkte wurden diesmal genannt: Metallschläuche, besonders für den Bedarf des Bergbaus und der Reichsbahn, ärztliches Gerät wie Instrumentenkocher und Sterilisationsapparate, ferner Endbearbeitung und Montage von Einzelteilen für Haushaltsgeräte sowie die Reparatur solcher Geräte.

Diesmal lief alles reibungslos und schnell. Schon im Juni 1946 wurde eine Produktionsgenehmigung erteilt, und im Mai 1947 erfolgte die Eintragung in das Handelsregister beim Amtsgericht Diepholz unter dem Namen Lemförder Metallwarengesellschaft mbH (LMG).

Das Stammkapital von 40 000 RM für das neue Unternehmen hielt wieder Dr. Wilhelm Ulderup, abermals unter Zuhilfenahme eines Strohmannes, diesmal in der Person von Adolfine – genannt Addy – Kruse, Ehefrau des Kapitäns der Handelsmarine a.D., Hans Kruse in Flensburg. Frau Kruse übernahm nominelle 5000 RM und schied alsbald aus. Der 20. Mai 1947, Tag der Eintragung der LMG in das Handelsregister, gilt als der Gründungstag der Lemförder Metallwaren und war 1972 der Anlaß, das 25jährige Bestehen des Unternehmens zu feiern.

Am Lemförder Berg existierten formal nun zwei Gesellschaften nebeneinander: die Nordmetall für Materialbeschaffung und Vertrieb sowie die LMG für die Produktion, beide im Alleinbesitz von Wilhelm Ulderup. An dieser Fiktion wurde nach außen hin festgehalten, und der alte Ulderup reiste von Zeit zu Zeit zur »Inspektion« nach Lemförde.

Das erste eigene Produkt der LMG war die sogenannte Faupelsche Ölpresse zur Aufbereitung von Bucheckern vom Stemweder Berg sowie von Leinsamen. Die Ölpresse war nach ihrem Konstrukteur, dem Ingenieur Bernhard Faupel benannt, der als erster Junkers-Mann nach dem Krieg zu Ulderup gestoßen war. Faupel wurde, weil er als Nichtparteigenosse ein Clearance Certificate der britischen Besatzungsmacht vorweisen konnte, im Mai 1947 als Geschäftsführer der Lemförder Metallwarengesellschaft in das Handelsregister eingetragen.

Als zweiter Junkers-Ingenieur traf im Frühjahr 1947, aus Hamburg kommend, Alfred Eydler bei der LMG ein. Ludwig Straatmann reimte auf diesen Vorgang:

Bernhard Faupel (1904–1993), mit Ulderup von Junkers her bekannt, wurde erster Geschäftsführer der Lemförder Metallwarengesellschaft mbH

»Und Gerüchte sind im Lauf:
man baut'ne neue Junkers auf!«

Faupel wie Eydler haben das Unternehmen nach einigen Jahren verlassen. Faupel, der von Ulderup noch zum Oberingenieur ernannt worden war, ging über Hannover und Göppingen als technischer Geschäftsführer zur Maschinenfabrik Kolb nach Köln-Ehrenfeld. Als er dort 1967 pensioniert wurde, kehrte er auf Einladung Ulderups noch einmal als freier Mitarbeiter für ein paar Jahre nach Lemförde zurück. Eydler machte sich selbständig.

Jürgen Ulderup faßte die ersten Jahre seiner unternehmerischen Tätigkeit in Lemförde später in dem Satz zusammen: »Es wurde unter primitivsten Verhältnissen all das gefertigt, was verkauft oder getauscht werden konnte.«

Für die Nordmetall berichtet Wilhelm Ulderup der Industrie- und Handelskammer in Flensburg über die Entwicklung bis Ende 1946, nach einem Entwurf des Sohnes: »Im Auftrag Hamburger und Bremer Großfirmen und Großfirmen des Industriereviers des westlichen und

49

südlichen Deutschlands, der Reichsbahn und der englischen Besatzungsmacht konnten besonders in der Materialbeschaffung und Verkauf fertiger Industrieerzeugnisse Umsätze erzielt werden, die sich Ende das Jahres 1946 auf über 800000 RM beliefen und die mit Abschluß des Geschäftsjahres 1947 voraussichtlich eine Million betragen werden, obwohl die großen Störungen durch den kalten Winter und alle sich daraus ergebenden Betriebsminderungen sich auch noch weiterhin auswirken.«

Toni Conrads hat festgehalten, die ersten Geschäftshandlungen von Nordmetall hätten im Vertrieb von hauswirtschaftlichen und sonstigen Bedarfsgütern wie Eßbestecken, Tellern, Töpfen, Pfannen und Kannen aus Aluminium bestanden; ferner aus Sägemehl-Späneöfen, Futterdämpfern, medizinischen Geräten und NE-Metallen wie Blei- und Kupferbarren, Zinkplatten sowie Aluminium- und Zinkblechen.

Erste Partner Ulderups für die Rohstoffbeschaffung im Industrierevier waren Werner Schmidt in Remscheid, Fluchtgenosse der Familie, sowie Wilhelm Schmidt in Lüdenscheid. Werner Schmidt war Juniorchef der Werkzeugfabrik Herbertz & Schmidt im Oberbergischen, Wilhelm Schmidt Prokurist in der Aluminiumfabrik Hueck im Sauerland. Hueck hatte während des Krieges Aluminiumbleche an Junkers geliefert, und Wilhelm Schmidt war dadurch mit Ulderup persönlich bekanntgeworden. Von ihm erhielt die Nordmetall die ersten Aluminiumbarren und Bleche.

Ende der vierziger Jahre übernahm Wilhelm Schmidt die Leitung des ebenfalls in Lüdenscheid ansässigen Unternehmens P.C. Turck Witwe, Aluminiumwaren. Turck war auf die Produktion von Gürtelschnallen, Metallknöpfen und Hosenträgerclips spezialisiert. Das bot zunächst nur wenige Möglichkeiten einer Zusammenarbeit, bis das Unternehmen sich umstellte und Kleinteile zur Lemförder Produktion zulieferte. Dies geschieht bis zum heutigen Tag, und Dr. Joachim Meinecke, Schwiegersohn von Wilhelm Schmidt, betont, daß der Betrieb sein Überleben allein dem Rat und der tätigen Freundschaftshilfe von Dr. Jürgen Ulderup zu verdanken habe.

Von Werner Schmidt dagegen erhielt die Nordmetall, Büro Lemförde, schon am 30. November 1945 namens Herbertz & Schmidt den Auftrag, den Absatz von neuen, zur Verbreiterung des Fabrikationsprogramms vorgesehenen Werkzeugen wie Sägen für die Metallbearbeitung, Fräser und Bohrer für Norddeutschland zu übernehmen und den Export in die nordischen Länder vorzubereiten. Zu diesem Zweck wurde formell ein Büro der Nordmetall in Remscheid eingerichtet.

Ein weiterer früherer Lieferant von NE-Metallen für Ulderup war Gerhardie & Cie. in Lüdenscheid. Prokurist und später Mitinhaber dieses Unternehmens war Dr.-Ing. Hans Steinweg, einer der wenigen, mit denen Ulderup sich duzte. Ihre Bekanntschaft rührte aus der Zeit bei Junkers her.

Schon im März 1946 beantragte die Nordmetall beim Landratsamt in Diepholz die Zulassung eines Vorkriegs-Personenwagens vom Typ Hanomag Kurier mit 1100 cm³ Hubraum. Als Begründung wurde angeführt, daß es notwendig wäre, persönlichen Kontakt zu Lieferanten und Abnehmern zu halten. Die Limousine sollte auch als Lieferfahrzeug dienen, und listig wurde für den Fall der Genehmigung die Einbeziehung von Diepholz in den Lieferbereich in Aussicht gestellt. Tatsächlich wurde der Hanomag zugelassen und danach mit einem Aufbau aus Aluminiumblechen zum Kleinlieferwagen umfunktioniert.

Für Fernfahrten ins Industrierevier stand der Nordmetall vom Juli 1946 an dann ein Lastkraftwagen vom Typ Fross-Büssing zur Verfügung. Das war ein Fünftonner-Diesel, der von der Chemischen Fabrik Heide GmbH hatte übernommen werden können. Dieser Einheits-Lkw war im Krieg in einer Stückzahl von fast 15 000 für die Wehrmacht gebaut worden. Wie er in den Besitz der Chemischen in Heide kam, ist ebenso undurchsichtig wie die Umstände der Übernahme seitens der Nordmetall. Es hat den Anschein, als hätte die Fabrik in Heide eine Schuld an Klatte abzutragen gehabt, denn es wurden 4364 RM für den Fross-Büssing verrechnet.

Die beiden Fahrzeuge waren das wichtigste Betriebskapital für Ulderup in der Anfangszeit. Julius Wieting, der den Lkw in Heide abholte, wurde als Fahrer angestellt. Und oft genug mußte er nach seiner Erinnerung mit dem Chef schon nachts auf Tour gehen. Straatmann spricht auch diesen Vorgang in seinen Versen an und reimt, auf Ulderup bezogen:

»Mit klotzigen Händen, Ihr kennt sie genau
vom Laden vor und nach Mitternacht,
da fliegen die Töpfe nur so, daß es kracht!
Und wieder geht's los. Los, Wieting, fahr zu!«

Auf offenem Lastkraftwagen von Lemförde zur Messe nach Hannover zur Zeit der Währungsreform

Am Lemförder Berg existierte damals im Verborgenen ein drittes Fahrzeug, ein guterhaltener, repräsentativer Achtzylinder-Horch, der Theodor Klatte gehörte. Er lag auseinandergenommen unter alten Abdeckplanen im ehemaligen Tanzsaal. Klatte war ein ausgesprochener Autonarr und hatte den Horch schon im Krieg vor den Nazibehörden und der Wehrmacht versteckt. Der Wagen bedeutete ihm mehr als seine Pflichten als Staatsbürger, Parteimitglied und Wehrwirtschaftsführer. Sein Schwiegersohn, Ulrich K. Bollmeyer, glaubt sich zu erinnern, daß der alte August Horch (1868–1951) mit dieser Staatskarosse einst eine offene Rechnung bei Klatte beglichen hätte. Ironie des Schicksals: Als der Horch endlich ohne Gefährdung aus dem Versteck geholt, zusammengebaut und auf Hochglanz poliert zur Zulassungsstelle gefahren werden konnte, kam der Fahrer von der Straße ab, und es gab Totalschaden.

Schon für Ende 1946 nennt Conrads die Zahl von 19 Mitarbeitern bei Nordmetall, für Ende 1947 bereits 28 Angestellte und Arbeiter. Der Umsatz verdoppelte sich im Geschäftsjahr 1947 auf fast 1,6 Mio Reichsmark. Diese Steigerung war wesentlich auf Großaufträge der britischen Rheinarmee, der Amerikaner und der Reichsbahn zurückzuführen.

Der Auftrag der Reichsbahn betraf die Lieferung von 10 000 Lok-Signallampen im Wert von 500 000 RM. Klattes Werk in Weener war damit für etwa zwei Jahre ausgelastet. Das Material wurde von der Bahn zur Verfügung gestellt, was infolge großzügiger Berechnung und Anforderung zusätzlich zum Gewinn eine stille Materialreserve ergab. So steht es in der Aufzeichnung von 1950, die dazu diente, die Anteile von Klatte und Ulderup auseinanderzudividieren.

Beim Auftrag der Rheinarmee ging es um Ersatzteile, beim US-Auftrag um Winterschutzaufbauten für amerikanische Jeeps. Letzterer wurde »with an extremely high priority« erteilt und lautete zunächst auf 2000 Stück, wurde später auf 10 000 Stück insgesamt ausgeweitet.

Die Produktion erster Werkstücke begann 1948 in der »Baracke« am Lemförder Berg, dem ausgebauten Torso einer von Klatte in der Kriegszeit begonnenen Halle

Das Material lieferte Gebr. Happich in Wuppertal-Elberfeld, und wieder war es möglich, einen Teil davon abzuzweigen. Dieser Auftrag, der wie die Lok-Signallampen über Klatte abgewickelt wurde, erreichte ein Volumen von 7 Mio RM und sicherte Beschäftigung im Werk Huchting ebenfalls für zwei Jahre.

Mit der Materialbeschaffung für die Großaufträge war die Nordmetall auch 1948 voll ausgelastet. Dagegen trat der Vertrieb von Klatte-Erzeugnissen zunehmend in den Hintergrund. Am Tag der Währungsreform, im Juni 1948, war das Material für die Signallampen und die Jeepaufbauten auf Reichsmarkbasis zu 80 Prozent schon beschafft. Die danach ausgelieferten Fertigprodukte erbrachten Erlöse bereits in der neuen Währung, in Deutscher Mark, und Klatte damit einen Gewinn von rund einer Million DM, errechnete Ulderup.

Die Währungsreform war ein schwieriger Umstellungsprozeß. Löhne, Mieten und Lebensmittel waren von einem Tag auf den anderen in DM zu zahlen und zu bezahlen. Doch Ludwig Erhard (1897–1977), damals Direktor der Verwaltung für die Wirtschaft der »Bizone«, leitete zugleich die Aufhebung der Bewirtschaftung und Freigabe der Preise ein: und wie durch ein Wunder waren die Warenregale wieder gefüllt, erholte sich die Wirtschaft von einem Monat zum anderen.

Vorbei waren die Zeiten des Schwarzmarktes, wo für 20 amerikanische Zigaretten 150 RM verlangt und gezahlt wurden, was damals einem Monatslohn gleichkam. Nur wenige Facharbeiter verdienten eine Mark in der Stunde, bei Nordmetall anfangs weniger. Bis Anfang der fünfziger Jahre blieb es am Berg dann bei einer Mark Stundenlohn.

Schon 1947 hatte Ulderup damit begonnen, den Barackentorso schrittweise fertigzustellen. Zur Zeit der Währungsreform war der Aufbau abgeschlossen, und unmittelbar danach wurde hier der Betrieb aufgenommen, zunächst noch auf Rechnung Klattes, von 1950 an dann auf eigene Rechnung.

Hergestellt wurden jetzt hauptsächlich medizinische Einrichtungen, aber auch schon Autoersatzteile und 1950 die ersten Spurstangen für die Automobilindustrie. Da hatten die Lemförder Metallwaren ihr Programm gefunden, wurde aus dem Gemischtwarenladen in einer Landschaft ohne industrielle Tradition, wie Ulderup später einmal sagte, ein Spezialbetrieb für Zulieferungen zur Wachstumsbranche Automobilindustrie.

Und die Familie? Sie war in das Geschehen am Berg unmittelbar mit einbezogen. Aus der Scheune am Hannoverschen Berghaus war durch Um- und Anbauten ein Wohnhaus für die Ulderups geworden, das im Frühjahr 1947 bezogen werden konnte. Im Garten hielt Annelotte Hühner und Gänse, die nachts sicherheitshalber ins Haus genommen wurden, dazu eine Ziege und zwei Schafe. Mit den Kindern pflückte sie im Garten und im Walde Beeren, wohl auch Brenn- und Taubnesseln, die wie Spinat angerichtet wurden. Im Herbst wurden Bucheckern und Pilze gesammelt.

Am Lemförder Berg mußte niemand verhungern, brauchte man nur in Ausnahmefällen zu hungern. Bei der Arbeit gab es für alle täglich eine warme Suppe, gekocht von der Großmutter Raue, die mit ihrer zweiten Tochter Margot Hesse nun gleichfalls am Berg wohnte. Heinz-Joachim Hesse, der Schwager von Jürgen Ulderup, befand sich noch in französischer Kriegsgefangenschaft. Als er Ende 1948 heimkehrte, trat er ebenfalls in das Lemförder Unternehmen ein und stieg als Leiter des Konstruktionsbüros praktisch zum zweiten Mann nach Ulderup auf. Anfangs war seine Tätigkeit, wie er erzählte, geradezu universell: Er kehrte den Hof, holte die Post, gab Expreßgut auf, verpackte, zählte Teile. In der Knopffabrik, 1951 gegründet, fühlte er sich zum erstenmal als Ingenieur eingesetzt.

Mit der LMG auf eigenen Füßen.
Ein Flüchtlingsbetrieb gewinnt Profil

Die Zusammenarbeit mit Theodor Klatte in Bremen überdauerte die Währungsreform nur um Monate. Dann stand die Entnazifizierung Klattes bevor und damit die Wiederherstellung seiner Verfügungsgewalt über die Werke in Huchting und Weener. Nun brauchte er Ulderup und die Nordmetall nicht mehr, und sein Interesse an dem Unternehmen in Lemförde erlahmte.

Klatte hatte zwar noch darauf gedrungen, die Hälfte der Gesellschaftsanteile an der Nordmetall wie an der Lemförder Metallwaren auf seine Tochter Eva Bollmeyer zu überschreiben. Vermutlich erfolgte nur eine stille Beteiligung. Aber er ließ nicht mehr über Lemförde einkaufen. Von Ende 1948 an bezahlte er auch Rechnungen nicht mehr, weder für bereits gelieferte Materialien noch für Autoersatzteile, die von der LMG für ihn hergestellt worden waren. Die Interessen liefen auseinander, die geschäftlichen Beziehungen neigten sich dem Ende zu. Man kam überein, Nordmetall zu liquidieren, sich finanziell auseinanderzurechnen und einvernehmlich zu trennen.

Im August 1949 wurde in der Zeitung »Weserkurier« sowie in anderen Blättern die Liquidation der Nordmetall mit folgender Notiz angekündigt: »Die Norddeutsche Metallwaren-Handelsgesellschaft mbH Flensburg und die Zweigniederlassung Bremen sind aufgelöst. Gläubiger der Gesellschaft werden aufgefordert, sich bei ihr zu melden. Der Liquidator: Dr. Wilhelm Ulderup.« Im Jahr darauf war die Firma im Handelsregister Flensburg gelöscht.

Als schwierig erwies sich dagegen das Aufrechnen der gegenseitigen Leistungen und Ansprüche. Dabei ging es in der Hauptsache um Klattes Darlehnsforderung von 426 000 RM an Ulderup sowie um seinen Anspruch auf die Hälfte des Gewinns. Dagegen waren die jahrelangen Leistungen der Nordmetall sowie Lieferungen der LMG zu verrechnen.

Bis zum Herbst 1950 dauerte es, die Geschäftsbeziehungen endgültig zu bereinigen. Am Ende stand eine einmalige Zahlung von 10 000 DM an Klatte, der außerdem 15 000 DM aus dem Verkauf vorrätiger Materialien erhielt.

Im Gegenzug verzichteten Klatte und seine Tochter auf alle Ansprüche an der Nordmetall wie an der LMG sowie auf alle weiteren Ansprüche.

Nun war Ulderup sein eigener Herr, konnte auf eigene Rechnung wirtschaften. Eine günstige Entwicklung für die Lemförder Metallwarengesellschaft zeichnete sich bereits ab und war der Grund für Ulderup, in der letzten Phase der Auseinandersetzung, Zugeständnisse an Klatte zu machen.

Die LMG hatte jetzt rund 50 Mitarbeiter und war im Prinzip gesund. Lediglich die Finanzlage war wegen der Zahlungen an Klatte gespannt. Im November 1950 wurde folgende Eintragung in das Handelsregister beim Amtsgericht Diepholz vorgenommen:

»Dipl.-Ing. Bernhard Faupel ist als Geschäftsführer ausgeschieden. Zum neuen Geschäftsführer ist der Kaufmann Dr.-Ing. Jürgen Ulderup, Lemförde, bestellt.«

Immer noch war Kapitän Ulderup alleiniger Gesellschafter der Lemförder Metallwarengesellschaft. Im April 1951 übertrug er die Hälfte der Anteile, 20 000 DM, auf den Sohn.

Auf der Suche nach einem geeigneten Produkt für die LMG ging Ulderup 1949 und 1950 verschiedene Wege, auch Irrwege. Er war fast pausenlos unterwegs, streckte die Fühler nach vielen Richtungen aus, sondierte das wirtschaftliche Terrain und suchte alte Freunde auf.

Als ein Irrweg erwies sich der Aufbau einer Knopffabrik am Hageweder Weg in Lemförde. Hier wurde monatelang mit der Herstellung von Perlmutterknöpfen experimentiert. Am Ende trug sich das Geschäft zwar einigermaßen, hatte aber nach allgemeiner Einschätzung keine Zukunft. Ulderup zog die Konsequenz und verkaufte die Optima-Knopffabrik GmbH 1952 an ein Unternehmen bei Krefeld.

In der Baracke am Lemförder Berg wurden 1949 hauptsächlich Maschinen- und Kraftfahrzeug-Ersatzteile hergestellt. Für die Glanzstoffwerke Obernburg und die Kunstseide AG Wuppertal produzierte die LMG Ersatzteile für Textilmaschinen sowie Spulen und Garnhülsen. Das Hauptinteresse konzentrierte sich aber zu-

Dr. Ulderups erstes »vernünftiges« Büro: ein Holzanbau mit Butzenscheiben am Kopfende der Baracke

nehmend auf den Kraftfahrzeugsektor. Dank Ulderups früherer Verbindungen kamen erste größere Aufträge von der in Ingolstadt wiedererstandenen Auto Union und dem Volkswagenwerk in Wolfsburg.

Dabei ging es um Benzinleitungen und Kraftstofftanks, aber auch schon um Schub- und Spurstangen für die Lenkung. Einziger Anbieter im Lenkungsbereich war bisher Ehrenreich in Düsseldorf, und es gehörte viel Mut und Selbstbewußtsein dazu, gegen dieses alteingeführte Unternehmen anzutreten. Den Lemfördern kam zugute, daß die Autoindustrie ein zweites Standbein wünschte, um nicht in Abhängigkeit von Ehrenreich zu geraten.

Der einsetzende allgemeine wirtschaftliche Aufschwung spiegelt sich auch in den Bilanzen der Lemförder Metallwaren. Schon 1949 wurde ein Umsatz von gut einer halben Million Mark erreicht, der im folgenden Jahr auf über 800 000 DM gesteigert werden konnte. Ende 1950 waren 85 Mitarbeiter bei der LMG beschäftigt, 70 Arbeiter und 15 Angestellte. Die

Millionengrenze zu überschreiten, war für 1951 das erklärte Ziel.

Ulderup selbst trug sich zu diesem Zeitpunkt bereits mit neuen Ideen für diesen Produktionssektor. Das geht aus einem Brief hervor, den ihm im November 1950 der Industrievertreter Friedrich Knevels aus Frankfurt am Main schrieb. Knevels, der später mit seiner Frau den Ulderups freundschaftlich verbunden war, fragte damals an: »Ist aus Ihrer Idee mit den Gummilagerungen im Pkw nichts geworden?« Und er fügte hinzu: »Hamburg beschäftigt sich mit recht interessanten Kombinationen von Metall und Gummi sowie Kunststoff und Gummi.«

Bei Auto Union in Ingolstadt hatte Ulderup alte Bekannte aus der Zeit in Zschopau wiedergetroffen, darunter Dr. Bruhn. Direktor in Ingolstadt war Paul Günther, und Rolf Berndt leitete damals den Einkauf. Auch sie waren gemeint, als Ulderup an seinem 75. Geburtstag dankbar alter Freunde gedachte, die ihm nach dem Krieg beim Aufbau seines Unternehmens behilflich gewesen waren.

Spurstangenfertigung von Hand 1950: »In diesem Betrieb, der menschlich und sozial vorbildlich von seinem Chef geführt wird, herrscht eine Schaffensfreude, mit der erhöhte Leistungen erzielt werden, die jedem Beteiligten zugute kommen.« (Zeitgenössischer Bildtext einer Zeitung)

Eine Reihe leitender Mitarbeiter der Junkers-Werke war mittlerweile gleichfalls in der Autoindustrie tätig geworden. Walter Cambeis, eine Zeitlang bei Eduard Winter, Motoren- und Apparatebau in Hamburg beschäftigt, wurde Direktor bei Krupp in Essen. Später ging Cambeis für Krupp nach Sao Paulo. Den Junkers-Direktor Josef Sommer traf Ulderup in führender Position bei Klöckner-Humboldt-Deutz im Werk Magirus in Ulm wieder. Anton Steeger vom Flugmotorenwerk in Dessau, im Krieg beim Flugmotorenwerk Ostmark in Wien, war jetzt Vorstandsmitglied der Klöckner-Humboldt-Deutz AG in Köln.

Rückblickend hat Ulderup einmal erklärt, es wäre gar nicht so einfach gewesen, die führenden Herren der deutschen Automobilindustrie davon zu überzeugen, daß ein kleiner, noch dazu in ausgesprochen ländlicher Umgebung angesiedelter Betrieb in der Lage sein würde, Präzisionsteile für die Lenkung von Kraftfahrzeugen herzustellen und pünktlich zu liefern. So geht man wohl nicht fehl in der Annahme,

daß der Vertrauensvorschuß, den Lemförder Metallwaren erhielt, in erster Linie der Person Ulderups gegolten hat.

Natürlich gab es auch Rückschläge. Karl-Heinz Becker, viele Jahre Betriebsratvorsitzender, der 1950 als gelernter Bauschlosser in den Betrieb eingetreten war, erinnert sich an eine Reklamation von mehreren tausend Spurstangen. Die Nachbesserung erwies sich trotz fieberhafter Bemühungen als nicht möglich, und die LMG stand praktisch vor dem Ruin. Doch es gab im Werk noch eine stille Reserve an Kupferbarren, deren Wert infolge des Korea-Krieges, der 1950 begonnen hatte, beträchtlich gestiegen war. Ulderup verkaufte sie und konnte so den finanziellen Verlust ausgleichen.

Ulderups Büro befand sich damals in einem Holzanbau an der westlichen Stirnseite der »Baracke«. Weil die Kapazität der Baracke bald erschöpft war, wurde 1951 im Nachbarort Dielingen mit dem Bau einer zusätzlichen Produktionshalle begonnen. Im Jahre 1953 konnte hier schrittweise der Betrieb aufgenommen werden.

Die Produktionspalette wurde um Kugelgelenke für Automobile erweitert, und damit hatte die Zeit des Suchens und Improvisierens ein Ende. Die Herstellung der Lenkungsteile für Kraftwagen erforderte Präzision und Qualität sowie den Nachweis für Zuverlässigkeit und pünktliche Lieferung. Gelang es, diesen Nachweis zu führen, war die Zukunft des Unternehmens gesichert.

Im November 1952 konnte Ulderup in einem Brief an Josef Sommer im Magiruswerk Ulm bereits feststellen: »...daß wir nunmehr seit Jahr und Tag Spurstangen an acht verschiedene Automobilfabriken liefern, unter anderem Daimler-Benz, Volkswagen, Klöckner-Humboldt-Deutz Köln und Auto Union, ohne daß bisher – Gott sei Dank – Beanstandungen wesentlicher Natur aufgekommen sind. Schließlich sind wir die einzige Firma in Deutschland, die neben Ehrenreich in die Serienprogramme der größten Automobilfabriken eingeschaltet ist.«

Bald darauf gehörte auch Magirus-Deutz zu den Abnehmern von Spurstangen und Schubstangen, die als Garnituren geliefert wurden. Magirus hatte schon vorher den ersten Serienauftrag für Nutzfahrzeugteile erteilt. Andere Kunden, die Ulderup in seinem Brief an Sommer nicht genannt hatte, waren Goliath, Lloyd, Vidal & Sohn Tempowerk und Felten & Guilleaume.

Auch über ein Signet verfügte Lemförder inzwischen. Auf einer Bierzeitung zum Betriebsfest, im Mai 1950, auf der Wilhelmshöhe in Haldem, ist es erstmals abgebildet: Eine stilisierte Eule in einem Dreieck von Spurstangen. Nun waren die Erzeugnisse der LMG auch optisch von denen von Ehrenreich zu unterscheiden, die Konkurrenz in Düsseldorf hatte einen Kugelbolzen als Zeichen.

Der Ausbau des Unternehmens wurde Anfang der fünfziger Jahre auch dadurch begünstigt, daß Flüchtlingsbetriebe finanziell gefördert wurden. Für die Errichtung des Dielinger Werkes erhielt Ulderup einen Flüchtlingskredit von 170 000 DM zu günstigen Konditionen. Die Grundstücksfrage wurde von der Gemeinde auf generöse Weise gelöst.

Ulderup soll ursprünglich beabsichtigt haben, weitere Produktionsstätten am Lemförder Berg zu errichten, dieses Vorhaben jedoch am Widerstand der Berginteressenten gescheitert sein. Die Entscheidung für den benachbarten, aber einem anderen Landkreis und anderem Bundesland zugehörenden Ort Dielingen fiel am Ende deshalb, weil dort bessere Konditionen bestanden als in Lemförde, was ein guter Kaufmann nicht übersehen konnte noch durfte.

Mit der Wahl des Standortes Dielingen setzte Ulderup bewußt einen Fuß in das Bundesland Nordrhein-Westfalen. Ebenso bewußt beließ er sein Standbein in Lemförde im Bundesland Niedersachsen. An seinem 75. Geburtstag 1985 sagte er: »Seit 1945 sind wir hier angesiedelt, auf der Grenze zwischen Nordrhein-Westfalen und Niedersachsen, und wir fühlen uns hier wohl.« Einige Jahre früher hatte bei einer ähnlichen Feststellung ein Landtagsabgeordneter treffend angemerkt: »Unter Grenzzäunen läßt sich besonders gut grasen.«

Bemerkenswert an dem Kredit-Bewilligungsverfahren für das Werk Dielingen ist, daß der Deutsche Gewerkschaftsbund, Landesbezirk Nordrhein-Westfalen, dem Antrag seine Zustimmung verweigerte. Der DGB zweifelte sowohl die Umsiedlung nach Dielingen wie auch die Lohntarife der LMG an. Negative Auswirkungen hat das nicht gehabt, zumal der DGB-Kreisverband Lübbecke die Neuansiedlung in Dielingen lebhaft befürwortete.

Angesichts der Wortwahl »Umsiedlung« und »Neuansiedlung« im damaligen Vorgang drängt sich die Vermutung auf, daß Ulderup den Eindruck erweckte oder zumindest entstehen ließ, er wolle Lemförde als Sitz aufgeben und sich ganz in Dielingen niederlassen. Doch bis auf den heutigen Tag ist Lemförde Sitz des Unternehmens geblieben.

Die große Ansammlung von Flüchtlingen in der Dümmerregion hat, so unwillkommen sie vielen Einheimischen anfangs gewesen sein mag, wesentlich zur Industrialisierung dieses Raumes und zu seinem wirtschaftlichen Aufschwung beigetragen. Die aus den Ostgebieten geflüchteten oder ausgewiesenen Männer und Frauen waren arbeitswillig, packten an, ohne viel zu fragen, und sie waren beruflich in der Regel qualifiziert. Mitarbeiter berichten, daß bei Einstellungsgesprächen bis weit in die fünfziger Jahre hinein bei Lemförder ein Bewerber zuerst danach gefragt wurde, ob er Flüchtling sei. Erst dann wäre über seine berufliche Qualifikation gesprochen worden.

Vom Land Niedersachsen erhielt die LMG Anfang 1951 einen Flüchtlingskredit für den Bau eines Einfamilienhauses in der Unteren Bergstraße in Lemförde. Es wurde nach Fertigstellung dem angestellten Geschäftsführer Ulderup als Werkswohnung zur Verfügung gestellt.

Ulderup selbst beantragte bei der Gemeinde Lemförde im Sommer 1951 die Ausstellung des Flüchtlingsausweises A für Vertriebene. Die Begründung lautete, daß er als technischer Direktor der Zitt-Werke mit Sitz in Klein-Schönau bei Zittau dort durch Kriegsentwicklung sein gesamtes Vermögen nebst Einrichtung verloren habe.

Voller Hochachtung sprechen frühe Mitarbeiter noch heute davon, mit welchem Elan, welcher Ausdauer und Unermüdlichkeit Ulderup damals am Ausbau seines Unternehmens gearbeitet hat. Er organisierte und inspizierte, komplettierte, betreute Einkauf und Verkauf, fuhr im Fross-Büssing mit nach Bielefeld, um Rohre für die Spurstangenfertigung heranzuschaffen. Dazu führte er selbst alle Verhandlungen mit den Kunden sowie mit Banken und Behörden. Fehlenden Schlaf hat er während der Fahrten im Fross-Büssing oder Mercedes 170 D nachgeholt, der Ende 1950 vor allem für die Fahrten zu den Kunden angeschafft worden war.

Mit seinem rastlosen Schaffen erwarb sich Ulderup nicht nur die Hochachtung der Mitarbeiter, er setzte damit auch ein Beispiel. Wo Not war, packte er selbst mit an, und er lag, wie Wieting erzählte, in der Regel als erster unter dem Fross-Büssing, wenn der wieder einmal streikte, lud mit auf und lud mit ab.

Ulderup schonte sich nicht und seine Mitarbeiter nicht, und es ist kein Wunder, daß sein geschundener Körper eines Tages Tribut forderte. Im Herbst 1951 fühlte er sich so malade, daß es unerläßlich wurde, längere Zeit auszuspannen. Er fuhr zur Kur nach Bad Pyrmont, unterzog sich einer Rheumabehandlung, nahm Moorbäder und erhielt aufbauende Spritzen.

Eine starke seelische Belastung bedeutete für ihn zudem das lang anhaltende und sich verschlimmernde Asthmaleiden seiner Frau. Vom Frühjahr 1951 an war Annelotte Ulderup mit geringer Unterbrechung in ärztlicher Behandlung. Kuren in Bad Pyrmont brachten wenig Linderung, temporäre Besserung stellte sich im oberbayerischen Kurort Bad Reichenhall ein. Wenn schwere Asthma-Anfälle auftraten, wurden Notfahrten nach Reichenhall erforderlich. Sie selbst schrieb 1956 über ihr Leiden:

»Mein Asthma habe ich wahrscheinlich nach einer Mandeloperation bekommen, das ist jetzt fünf Jahre her. Es liegt nicht in unserer Familie und trat zuerst als chronische Bronchitis und dann in starken Erstickungsanfällen auf bei Erkältungen und Erregungen. Es ist auch reichlich nervlich bedingt. Ich bin gegen alle möglichen Gerüche wie Bohnerwachs, Diesel, Benzin, Zigarren- und Zigarettenrauch allergisch. Bisher bekam ich Asthmolisinspritzen und inhalierte mit allen möglichen Präparaten. Aber alles ging sehr auf den Kreislauf und strengte das Herz so sehr an, daß ich schon zweimal einen schweren Herzkollaps hatte. Dann besorgte mir unser Hausarzt ein Drägergerät mit Sauerstoffbombe zum Inhalieren, Medikament mit Sauerstoff gemischt.«

Die Erfolgsgeschichte der Lemförder Metallwaren.
Aufstieg zum prosperierenden Unternehmen

Zum 25jährigen Bestehen konnte der Vorstand im Mai 1972 eine Bilanz ziehen, die in den fünfziger Jahren niemand vorherzusagen gewagt hätte. Die Lemförder Metallwaren waren zu einem in der Automobilbranche geschätzten und erfolgreichen mittelständischen Unternehmen herangewachsen.

Das Unternehmen war 1963 von der GmbH in eine Aktiengesellschaft umgewandelt worden mit Ulderup als alleinigem Vorstand. Die Anteile verblieben bei der Familie: bei ihm selbst, seiner zweiten Frau Irmgard sowie bei Sohn Christian P. Ulderup.

Kurz vor dem Jubiläumsjahr 1972 wurde der Vorstand auf drei Personen erweitert, um die Leitung des Unternehmens auf eine breitere Basis zu stellen. Ulderup blieb Vorstandsvorsitzender, Technischer Leiter wurde der Ingenieur Hansjoachim Brunn (1933–1996), während Dr. Winfried Härtwig (1928–1994) die Verantwortung für den kaufmännischen Bereich übernahm.

Brunn war im April 1971 auf Empfehlung von Anton Steeger nach Lemförde gekommen. Sein Vorstandsbereich umfaßte die gesamte Technik: Konstruktion, Entwicklung und Produktion. Besondere Verdienste bescheinigte ihm Ulderup beim Aufbau von Zweigwerken in Frankreich und Spanien. Brunn schied 1975 nach nur vier Jahren quasi über Nacht aus.

Härtwig war schon 1966 von Ulderup nach Lemförde geholt worden, um die kaufmännische Seite des Unternehmens den gestiegenen Anforderungen anzupassen. Er wohnte in Ulderups bisherigem Wohnhaus in der Unteren Bergstraße und mußte nach sechzehn Jahren Zusammenarbeit im Sommer 1981 gehen.

Im Jahre 1953 hatte Ulderup noch ernsthaft gemeint, mit den Werken in Lemförde und Dielingen eine ausreichende Unternehmensgröße erreicht zu haben und nicht weiter ausbauen zu sollen. Damals schrieb er dem Prokuristen Rudolf Kahlert bei Krupp in Essen: »Durch die Zuteilung von Flüchtlingskrediten im letzten Jahre sind unsere finanziellen Sorgen vorerst behoben, und wir haben auch nicht die Absicht, unsere Firma sehr viel größer auszubauen, da bei der heutigen politischen Lage die Risiken zu groß wären.«

Es ist kaum mehr nachzuvollziehen, daß die außenpolitische Lage – und nur die kann Ulderup gemeint haben – damals in Wirtschaftskreisen als risikoreich eingeschätzt wurde. Auch ist nicht anzunehmen, daß Ulderup dieses Argument nur vorgeschoben hätte. Manches deutet darauf hin, daß der »Russenschock« bei ihm besonders tief und er lange Zeit gewissermaßen auf gepackten Koffern saß.

Doch der Bedarf an Lenkungsteilen in der Kraftfahrzeugindustrie stieg und machte den Aufbau neuer Produktionsstätten des Unternehmens gewissermaßen notwendig. Im Jahre 1960 übernahm Lemförder das Werk Wagenfeld im Kreis Diepholz östlich vom Dümmer, 1963 wurde das Werk Damme im Kreis Vechta, westlich des Sees errichtet. Gleichfalls in Damme nahm 1968 die Elastmetall die Produktion von Präzisionsartikeln aus Kunststoff sowie von Gummi-Metall-Verbindungen auf.

In der Dümmerregion waren 1972 rund 2200 Mitarbeiter für Ulderup tätig, davon 1200 in Lemförde und Dielingen, 400 in Wagenfeld und 600 in Damme. Auf dem Dielinger Werksgelände war ein Neubau für die zentralen Entwicklungs- und Konstruktionsabteilungen in Planung.

Die Wahl der jeweiligen Standorte hing nach den Aussagen leitender Mitarbeiter entscheidend von den jeweiligen Konditionen ab. Zu diesen Konditionen zählten mögliche Zuschüsse aus Landesmitteln, kommunales Entgegenkommen in der Grundstücksfrage sowie das Vorhandensein von Arbeitskräften. Für Damme beispielsweise war mit ausschlaggebend, daß dort aufgrund der Einstellung des Eisenerz-Bergbaus Arbeitskräfte freigesetzt worden waren.

Fritz Meyer, Hausarchitekt bei Lemförder, nennt einen zusätzlichen Aspekt der Planung. Die Werkshallen waren so konzipiert, daß sie durch Hinzufügen einzelner Segmente leicht erweitert werden konnten. Ulderup ließ dann anbauen und erweitern, sagte Meyer, wenn die Konjunktur zu wünschen übrig ließ. Dann konnte verhältnismäßig preiswert gebaut werden, und die erforderliche größere Kapazität war vorhanden, wenn die Konjunktur wieder ansprang.

Die Dümmerregion war und blieb das Zentrum der Ulderupschen Unternehmungen, doch wurde nicht nur hier investiert. Im Jahre 1964 entstand in Bremen die Lemförder Metallwaren Export GmbH (Lemex), die den Export von Ersatzteilen in das europäische Ausland und nach Übersee abwickelte, mit Roland Pappiér als Geschäftsführer. In dieses Unternehmen trat später auch Christian P. Ulderup ein, der 1977 die Lemförder Metallwaren International GmbH (LMI) gründete. LMI ist heute in ansehnlichen Neubauten in der Bremer Borgwardstraße untergebracht, Christian P. Ulderup ihr geschäftsführender Gesellschafter.

Ende 1967 beteiligte sich Lemförder mehrheitlich an der Metallwarenfabrik Theodor Klatte GmbH in Bremen, einer Neugründung, deren Produktionsprogramm neben Formen-, Werkzeug- und Sondermaschinenbau auf Zulieferung zu den Produkten von Lemförder abgestellt wurde. Die LMAG übernahm 51 Prozent der Geschäftsanteile, während 49 Prozent bei der Theodor Klatte KG verblieben. Geschäftsführer wurden Oberingenieur M. Gerlach, ein früherer Junkers-Ingenieur, sowie Ulrich K. Bollmeyer.

Theodor Klatte hatte in den frühen fünfziger Jahren eine Reihe zukunftsweisender Produkte entwickelt, sich dabei jedoch finanziell übernommen, so daß er 1954 Vergleich beantragen mußte. Das Vergleichsverfahren zog sich über Jahre hin, konnte aber letztlich abgewendet werden.

Im Februar 1962 entstanden bei einem Hochwasser große Schäden im Werk Huchting, und im selben Jahr starb Theodor Klatte. Erbin war seine Tochter Eva, deren Ehemann Ulrich K. Bollmeyer kurz vorher als kaufmännischer Geschäftsführer in den Betrieb eingetreten war. Die Fortführung des Unternehmens erwies sich ohne Eigenkapital und bei hohen Bankzinsen als äußerst schwierig. Deshalb kam es zur Gründung der Metallwarenfabrik Theodor Klatte in Partnerschaft mit den Lemförder Metallwaren.

Ulrich K. Bollmeyer trat 1973 in die Dienste Ulderups in Dielingen. Er war zunächst Bevollmächtigter der Vorstandsvorsitzenden, danach Generalbevollmächtigter der LMAG bis zu seinem Ausscheiden Ende 1985. Bollmeyer war auch der erste Geschäftsführer der 1983 gegründeten Dr.-Jürgen-Ulderup-Stiftung GmbH. Dieses Amt versah er bis zum Herbst 1994.

Aber nicht nur im Inland, auch im Ausland investierte Ulderup schon in den sechziger Jahren. Die heute viel diskutierte Notwendigkeit, dort, wo man verkaufen möchte, auch zu produzieren, hatte er schon damals erkannt.

Zur Absicherung der internationalen Marktposition beteiligte sich die LMAG 1968 an der Ansa Lemförder S.A. (Anforsa) in Burgos in Spanien. Im Jahre 1969 wurde als Gemeinschaftsunternehmen der LMAG und der Borg-Warner Corporation, Chicago, die Lemförder-Warner-Mechanic GmbH mit Sitz in Lemförde gegründet.

Schon 1968 entstand in Buenos Aires die Lemförder Metall Argentina S.R.L.; außerdem war 1966 eine Beteiligung an der Koerting Empresa Industrial y Comercial übernommen worden, die unter anderem Diesel-Aggregate für die Landwirtschaft herstellte.

Anfang der fünfziger Jahre hatte Ulderup, wie glaubhaft versichert wird, noch gemeint, 50 bis 60 Mitarbeiter wären für sein Unternehmen gerade richtig und genug. In den folgenden Jahren steigerte er seine Idealzahl auf 300, 500, schließlich 800 Beschäftigte. Als die Zahl Tausend überschritten war, meinte er fast resignierend: »Du kannst von einem fahrenden Zug nicht abspringen, ohne dir die Beine zu brechen«.

Der erste »richtige« Lkw des Unternehmens Mitte der fünfziger Jahre. Vor der Neuerwerbung Fahrer Julius Wieting

Die LMAG nahm nicht nur die Chance wahr, mit der prosperierenden Automobilindustrie zu wachsen, sie war zum Mitwachsen geradezu gezwungen, wollte sie im Geschäft bleiben. Die Fahrzeughersteller erwarteten ganz selbstverständlich, daß die Zulieferer sich ihren Wachstumsraten anpaßten. Wer dies nicht konnte oder wollte, war praktisch abgeschrieben.

Die starke Wachstumsperiode der sechziger Jahre machte auch bei Lemförder, wie in vielen anderen Industriezweigen, die Anwerbung ausländischer Mitarbeiter notwendig, hauptsächlich in Italien und Portugal. Im Jubiläumsjahr 1972 waren rund 220 Ausländer in Dielingen und Damme tätig. Sie wohnten in einer eigenen Siedlung von zwölf Ausländerwohnheimen mit 240 Wohnungen und Wohnplätzen.

Die Umsatzentwicklung der LMAG steigerte sich in ähnlichen Schüben wie die Zahl der Beschäftigten. Im Jahre 1956 wurde ein Jahresumsatz von 8 Mio DM erreicht, zehn Jahre später betrug er rund 64 Mio DM. Nur fünf Jahre danach, 1971, hatte er sich mit 116 Mio DM fast verdoppelt.

Der frühe Gedanke Ulderups, Gummilagerungen für Personenkraftwagen herzustellen sowie Kombinationen von Gummi, Kunststoff und Metallen zu verwenden, hatte nach jahre-

langen Experimenten, auch Rückschlägen, 1967 zur Gründung von Elastmetall geführt.

Für die Experimente auf dem Kunststoffsektor hatte Ulderup 1954 den Chemiker Dr. Gottfried Reuter (1921–1986) von den Phönix-Gummiwerken in Hamburg nach Lemförde geholt. In Räumen an der ehemaligen Knopffabrik am Hageweder Weg baute er als freier wissenschaftlicher Berater die Abteilung Kautschuk und Kunststoff auf. Er war ein hochqualifizierter und anerkannter Fachmann, aber auch ein sehr impulsiver Mann. Es lassen sich kaum größere Gegensätze denken als der hochaufgeschossene, asketisch wirkende und von der Arbeit besessene Ulderup und der kleine, umtriebige Reuter.

Anfangs schlug die Zusammenarbeit dieser so unterschiedlichen Charaktere zum Gewinn für beide Seiten aus. Reuter experimentierte vor allem mit dem von Bayer entwickelten Kunststoff Vulkollan, dessen hervorstechende Merkmale hohe Zugfestigkeit, große Bruchdehnung und äußerst niedriger Abrieb bei gleichzeitiger guter Elastizität waren.

Die Zusammenarbeit dauerte zehn Jahre lang, bis 1964. Auf Betreiben Reuters wurden auch Beteiligungen eingegangen und Tochtergesellschaften gegründet, darunter die Elastomer AG in Chur in der Schweiz und die Lem-

Protokoll!

Am 9. 3. 1960 fand eine Verhandlung zwischen
Herrn Dr. Ulderup und der Gewerkschaft, die
durch den Kollegen Ball von der Bezirksleitung
Hannover vertreten wurde, statt. Die Betriebsräte
der Betriebe Dielingen, Lemförde-Berg und Abteilung Kunststoff, nahmen an der Verhandlung
teil.
Hauptthema war Abschluß eines neuen Tarifvertra-
ges. Kollege Ball schlug den Niedersächsischen
Lohntarif vor, den Dr. Ulderup aber ablehnte. Dann
wurde eine dahingehende Einigung erzielt, daß wir
einen eigenen Haustarif bekommen, der den Lohntarif von Osnabrück A, und den Manteltarif von
Niedersachsen berücksichtigt. Ferner wurde be-
schlossen, das neue 7 Lohngruppensystem einzu-
führen. Dafür müssen aber erst sämtliche Kollegin-
nen und Kollegen neu eingestuft werden.
Herr Dr. Ulderup äußerte den Wunsch eine Betriebsordnung anzuschaffen, daß jeder Kollege auf
seine Rechte und Pflichten innerhalb des Betriebes
aufmerksam gemacht wird. Kollege Ball erklärte
sich bereit, eine gültige Betriebsordnung aus einem
großen Betriebe zu beschaffen.

Betriebsratvorsitzender: Becker

Schriftführer: Borkenhagen

Handgeschriebenes Protokoll des Betriebsrates über Tarifverhandlungen mit Ulderup: den Lohntarif von Osnabrück, den Manteltarif von Niedersachsen

förder Kunststoff GmbH & Co. KG. Reuter
betrieb dazu noch eigene Geschäfte, so daß am
Ende ein großes Bündel von Verträgen, Firmen
und auch von Rechtsstreitigkeiten existierte,
das sich nur mit Mühe auflösen ließ. Ulderup
war offenbar erleichtert, als es zur Trennung
kam.

In Lemförde erinnern heute noch die BASF-
Tochter Elastogran mit rund 850 Beschäftigten
sowie das Gottfried-Reuter-Institut für Cyto-
logie und Pathologie an ihn. Das Institut wird
von seinem Schwiegersohn Dr. med. Dr. vet.
Gerhard Ey geleitet, Sohn des Ulderup-Freun-
des Richard Ey.

Dr. Ey erinnert im Gespräch daran, daß Ulderup nach dem Tod von Reuter, als das er-
schreckende Ausmaß des finanziellen Fiaskos
sichtbar wurde, Erika Reuter auf selbstlose
Weise beigestanden hat, auch in finanzieller
Hinsicht.

Es klingt wie ein Allgemeinplatz und ist doch
buchstäblich zu verstehen und an seinem Le-

benswerk abzulesen: Ulderup war sich seiner
sozialen Verpflichtung und sozialpolitischen
Verantwortung als Unternehmer bewußt. Er
wußte, daß gute soziale Bedingungen sich zu-
gunsten des Betriebs auswirken, weil sie die
Mitarbeiter langfristig an den Betrieb binden.
In einer Unternehmensschrift zum 25jährigen
Bestehen heißt es hierzu:

»Wenn die Firma von allen Mitarbeitern wegen der für den Fahrzeugbau lebenswichtigen
Funktionen ihrer Produkte äußerste Sorgfalt
und Gewissenhaftigkeit bei der Arbeit verlan-
gen muß, so ist sie andererseits bemüht, sich ih-
rerseits um das Wohlergehen aller Belegschafts-
mitglieder zu kümmern, wozu die Fürsorge
während des Arbeitsleben und für den Ruhestand gehört.«

Im Jahre 1961 war ein rechtlich selbständiger
Unterstützungsverein, die Lemförder Unter-
stützungskasse e.V., gegründet worden. Als Ju-
biläumsgeschenk an die Mitarbeiter wurde
1972 ein betriebliches Versorgungswerk einge-

führt mit einer Pensionszusage an alle Lohn- und Gehaltsempfänger.

Die weitsichtige Sozialpolitik Ulderups hat einen beispielhaften sozialen Frieden im Werk bewirkt. Bis in das Jahr des 50jährigen Bestehens hinein gab es bei Lemförder weder Streiks, von einzelnen Warnstreiks abgesehen, noch betriebsbedingte Kündigungen, auch in der Rezession der Jahre 1966 und 1967 nicht.

In den Gewerkschaften hat Ulderup als Patron ein mehr oder weniger großes Übel gesehen, im Betriebsrat dagegen den Partner. »Laßt mir die Gewerkschaften vor der Tür«, war eine stehende Redewendung von ihm. Die heute viel diskutierte Auflösung flächendeckender Tarifverträge zugunsten betrieblicher Vereinbarungen ist bei Lemförder schon vor Jahrzehnten praktiziert worden. Der Lohnvertrag richtete sich in der Regel nach den Abschlüssen in Osnabrück, der Manteltarif war an Niedersachsen ausgerichtet. Damit bannte Ulderup die Gefahr von Abwanderungen in den Osnabrükker Raum wegen möglichen Lohngefälles.

Allen Mitarbeitern wurde zudem die Möglichkeit gegeben, sich durch betriebliche Fortbildung für höherwertige Aufgaben zu qualifizieren. Betriebseigene Ausbildung sorgte für den notwendigen qualifizierten Nachwuchs im technischen wie im kaufmännischen Bereich. Viele Mitarbeiter sind mit dem Betrieb mitgewachsen und in höhere Positionen aufgerückt.

Demonstration der Leistungsfähigkeit von Lemförder: Messestand auf der Internationalen Automobil-Ausstellung 1977 in Frankfurt/Main

Die zweiten fünfundzwanzig Jahre.
Die Zukunft des Unternehmens gesichert

»Die Ziele sind auf Jahre hinaus gesetzt. Die Rationalisierung im technischen und kaufmännischen Bereich ist eine Lebensfrage; sie muß zu einer optimalen Gestaltung der Produktions- und Verwaltungsprozesse führen. Das Lohn- und Gehaltssystem soll verbessert und auf die Leistung jedes Einzelnen abgestellt werden. Die Marktstellung der LMAG im In- und Ausland soll weiter ausgebaut werden.«

Mit dieser Vorgabe ging Lemförder in die zweiten fünfundzwanzig Jahre der Existenz. Mehr als ein Jahrzehnt lang hat Ulderup noch selbst am Steuer stehen können. Es war eine Periode weiteren Wachstums und des Bemühens, die Zukunft des Unternehmens wirtschaftlich und personell zu sichern. Das schloß konjunkturell und strukturell bedingte Rückläufigkeit wie in den Jahren 1974/75 nicht aus, der mit Abbau der Überstunden in allen Werken und einem Einstellungsstop begegnet wurde.

Für die wirtschaftliche Sicherung waren nicht die Finanzen das Hauptproblem. Im Herbst 1971 hatte Ulderup dazu gesagt: »Finanziell können wir auch künftig auf eigenen Beinen stehen. Die Frage ist jedoch, ob das auch hinsichtlich des erforderlichen technischen Fortschritts möglich sein wird.«

Für die Zukunft rechnete Ulderup mit schärferer Konkurrenz: aufgrund des Beitritts Großbritanniens zur Europäischen Wirtschaftsgemeinschaft sowie des Vordringens Japans auf den europäischen Markt. Von der Leistungsfähigkeit der japanischen Automobilindustrie hatte er sich bereits 1965 bei einem Besuch der Automobil-Ausstellung in Japan überzeugen können. Mittelfristig sollte die LMAG ihre Marktstellung vor allem in Italien und in Frankreich ausbauen. Ein Anteil des Auslandsgeschäftes am Umsatz von 20 bis 30 Prozent sollte auf längere Sicht angestrebt werden. Er hat mittlerweile 50 Prozent erreicht.

Im Hinblick auf diese Vorhaben wurde Mitte 1971 der Norddeutschen Landesbank AG in Hannover eine Schachtelbeteiligung von 26,7 Prozent eingeräumt, um die finanzielle Grundlage zu stärken. Die Landesbank stellte bereits seit Gründung der AG den Aufsichtsratsvorsitzenden in der Person von Dr. Friedrich Focken, danach mit Dr. Günther Vahlbruch.

Die Marktstellung in Deutschland zu behaupten und auszubauen, bereitete relativ wenig Sorgen, gemessen am Auslandsgeschäft. Die LMAG belieferte alle namhaften Unternehmen der deutschen Automobilindustrie, und sie stand bereits Anfang der siebziger Jahre dem Konkurrenzunternehmen Ehrenreich, das 1970 Tochter des amerikanischen Thompson-Konzerns geworden war, nur noch geringfügig nach. Zu Beginn der neunziger Jahre war Ehrenreich überflügelt.

Der Neubau der technischen Zentrale im Werk Dielingen konnte in kurzer Zeit vollendet und 1975 bezogen werden. Von hier aus wurden diejenigen Werke, die Kugelgelenke herstellten, zentral gesteuert, und hier wurden auch für die Serienfertigung eigene Maschinen hergestellt.

Große Anstrengungen wurden unternommen, die Marktstellung im Ausland planmäßig auszuweiten. Von den erklärten Schwerpunkten Frankreich und Italien kam das Italiengeschäft trotz großer Bemühungen wegen der dominierenden Stellung von FIAT nicht richtig in Gang. In Frankreich operierte die LMAG erfolgreicher, wofür die Namen Nadella S.A., Nacam S.A., Lemförder Métal France S.A. und Mecacentre S.A. stehen. In Thionville nahe Metz entstand 1974 ein Fertigungswerk auf grüner Wiese.

Anfang der achtziger Jahre wurde die LMAG dann auch in den USA und in Großbritannien aktiv. Im Juni 1980 wurde in Delaware die Lemförder Corporation (LC) gegründet. Sie nahm noch im selben Jahr die Zulieferungen an die US-Produktion von VW auf. In Redditch bei Birmingham entstand ein Tochterunternehmen der Nacam.

Diese grenzüberschreitenden Aktivitäten trugen wesentlich dazu bei, Lemförder Metallwaren international abzusichern, doch war das Auslandsengagement häufig mit Irritationen und Komplikationen verbunden. Auch Fehl- und Rückschläge mußten hingenommen werden; dennoch hat das frühe zweite Standbein

Eine ausgeprägte und großzügige Handschrift: Glückwunsch Ulderups an G. M. Strobl zur Berufung in den Vorstand der Auto Union

der LMAG im Ausland mit dazu beigetragen, daß das Unternehmen von Rezessionen später nicht so stark betroffen wurde wie vergleichbare inländische Unternehmen.

In Deutschland wie im Ausland sicherte Lemförder Entwicklungen und Produkte mit Schutzrechten ab. Eine Aufstellung von 1981 nennt 79 solcher Schutzrechte, in denen Ulderup als Erfinder oder Miterfinder genannt ist.

Sehr viel mehr Sorgen als die wirtschaftliche Zukunftssicherung bereitete Uldrup jahrelang die Frage seiner Nachfolge. Er wollte die Gesellschaft als Familienunternehmen erhalten, glaubte aber in der eigenen Familie nicht den geeigneten Nachfolger zu haben. Im Gespräch sagte er: »Das Werk braucht einen Techniker an der Spitze.« Sohn Christian P. Ulderup war Diplom-Kaufmann und wollte zudem eigene Wege gehen.

Zum Jahreswechsel 1976/77 meinte Ulderup die Lösung des Nachfolgeproblems in der Person des Dipl.-Ing. Karl-Heinz Thomas als neuem Gesellschafter gefunden zu haben. Die Lemförder Metallwaren bleiben als unabhängiges mittelständisches Unternehmen erhalten und komme nicht unter ein in- oder ausländisches Konzerndach, teilte er mit. Die Hereinnahme des 44 Jahre alten Thomas war nach seinen Worten die einzige Alternative zum Verkauf der LMAG. Er selbst stand damals im 67. Lebensjahr.

Karl-Heinz Thomas kam vom Konkurrenten Ehrenreich. Er war persönlich haftender Gesellschafter von Langen & Co. in Düsseldorf, die als Spezialhersteller für Ölhydraulik-Komponenten und Steuerungen 1959 aus der Ehrenreichgruppe ausgegliedert worden war und später nicht mit an Thompson fiel. Sein Eintritt wurde über eine Betriebsführungsgesellschaft ermöglicht, weil eine direkte Beteiligung an der LMAG für ihn nach eigener Angabe finanziell nicht realisierbar gewesen wäre. Zu diesem Zweck wurde die Lemförder Metallwaren Jürgen Ulderup & Co., kurz LMKG genannt, gegründet. Die Stammeinlage in Höhe von 200 000 DM wurde zu je 50 Prozent von Ulderup und Thomas gehalten. Die LMAG verpachtete als Besitzgesellschaft ihre Fabrikanlagen und den Maschinenpark an die neue Kommanditgesellschaft.

Die Geschäftsführung der KG bestand aus Thomas als Vorsitzendem, sowie den früheren LMAG-Vorstandsmitgliedern Dr.-Ing. Werner Klotz, der Hansjoachim Brunn nachgefolgt war, und Dr. Winfried Härtwig; außerdem kam Lorenz Thoelen hinzu, den Thomas von Langen mitgebracht hatte, für den Bereich Materialwirtschaft und Produktion.

Am Ende erwies es sich als Trugschluß, in Karl-Heinz Thomas den richtigen Nachfolger gefunden zu haben. Nach knapp fünf Jahren trennte sich Ulderup von ihm. Über die Gründe für die Trennung mutmaßte die Frankfurter Allgemeine Zeitung damals, sie wären in erster Linie in wirtschaftlichen Schwierigkeiten von Thomas in seiner Düsseldorfer Firmengruppe zu suchen.

Die Geschäftsführung in der LMKG übernahm für kurze Zeit nun Dr. Jürgen Rasner, den Ulderup im Frühjahr 1981 nach Lemförde geholt hatte, damals noch, um als gleichberechtigter Komplementär in der KG den kaufmännischen Bereich zu leiten. Diese beabsichtigte Aufteilung in eine technische und eine kaufmännische Führungsspitze wurde aufgrund des Ausscheidens von Thomas gegenstandslos.

Rasner kam gleichfalls aus der Branche der Autozulieferer, war zuletzt Vorsitzender der Gebr. Happich GmbH in Wuppertal gewesen. Seine Tätigkeit in der Geschäftsführung der KG endete bereits im Mai 1982, danach nahm er als Generalbevollmächtigter der Gruppe Lemförder Metallwaren die Interessen der Muttergesellschaft in den ausländischen Tochter- und Beteiligungsgesellschaften wahr. Sein Vertrag war bis 1986 befristet, doch schied er faktisch schon Anfang 1984 aus.

Ulderup hatte von Anfang 1982 an also wieder das Sagen. Abermals wurde umorganisiert, die neue Ordnung im Mai 1982 in außerordentlichen Sitzungen des Aufsichtsrates der AG und des Beirates der KG genehmigt. Daraus ergab sich, daß die LMAG wie bisher diejenige Gesellschaft war, der Grundbesitz, Gebäude und Maschinen gehörten; zugleich blieb sie Inhaberin aller Schutzrechte. Alleiniger Vorstand war wie früher Dr. Jürgen Ulderup. Den Aufsichtsrat bildeten Dr. Günther Vahlbruch als

Vorsitzer, Irmgard Ulderup und Christian P. Ulderup. Der Gesamtbetriebsratsvorsitzende wurde wie bisher zu den offiziellen Sitzungen eingeladen.

In die Betriebsgesellschaft LMKG trat die von Ulderup und Thomas 1979 in Zürich gegründete Uleto Export AG, in Zug in der Schweiz, als persönlich haftende Gesellschafterin neu ein. Dem Beirat der KG, der die Geschäftspolitik festlegt, gehörten Ulderup als Vorsitzer, Dr. Vahlbruch sowie Dr. Rasner an. Als Vorsitzender war Ulderup berechtigt, der Geschäftsführung Weisungen zu erteilen.

Die Geschäftsführung der KG bestand aus Dr. Heinrich Meckner, Andreas Schmidt und Lorenz Thoelen. Als Meckner zum Jahresende 1982 ausschied, rückte Paul Ballmeier als Finanzchef nach. Die Stammeinlage der KG betrug jetzt 6 Mio DM und lag in den Händen von Jürgen und Irmgard Ulderup als Kommanditisten.

Zwei Jahre spätere hat Ulderup, nun 73 Jahre alt, das Unternehmen dann doch verkauft: an die Zahnradfabrik Friedrichshafen AG (ZF), einem international führenden Hersteller auf dem Gebiet der Antriebstechnik. ZF übernahm Anfang 1984 eine Beteiligung von 51 Prozent an der Lemförder Gruppe, mit Option auf weitere Anteile nach fünf Jahren. Das Friedrichshafener Unternehmen erfuhr dadurch einen bedeutenden Zugang, der als eigener Geschäftsbereich der ZF-Gruppe geführt wird. Das Bundeskartellamt stimmte der Übernahme zu.

Ulderup erklärte damals, er glaube in ZF einen Partner gefunden zu haben, der ihm von der Technologie, der Größenordnung und der Arbeitsweise her am besten geeignet erscheine, die Zukunft der Lemförder Metallwaren und aller Mitarbeiter zu sichern.

Die Lemförder Metallwaren, AG und KG, hatten 1982 mit rund 4700 Beschäftigten einen Umsatz von 530 Mio DM erzielt, davon rund 200 Mio DM im Ausland. Das war etwa ein Fünftel des Umsatzes der ZF-Gruppe. Mit der Übernahme der Mehrheitsbeteiligung übernahm ZF auch die industrielle Führung bei Lemförder.

Den neuen Besitzverhältnissen wurde im Laufe des Jahres 1984 durch die Erweiterung des Aufsichtsrats und des Beirats Rechnung getragen. An die Spitze des Aufsichtsrats trat Martin Herzog, der als Oberbürgermeister der Stadt Friedrichshafen auch Aufsichtsratsvorsitzender von ZF war. Weitere ZF-Vertreter im

*Dreimal Ulderup: Christian P. Ulderup an seinem
Schreibtisch in Bremen mit Sohn Christian, dahinter
das Porträt des Vaters Dr.-Ing. Jürgen Ulderup*

Aufsichtsrat waren der Vorstandsvorsitzende Dr.-Ing. Friedrich Baur und Vorstandsmitglied Max Mugler. Die restlichen Kapitalanteile wurden wie bisher von Ulderup, seiner Frau und seinem Sohn gehalten.

Sein Amt als alleiniger Vorstand der LMAG legte Ulderup zum Jahresende 1984 nieder. Nachfolger wurde Martin Grübl von ZF. Beibehalten hat Ulderup aus wohlüberlegten Gründen den Vorsitz des Beirates der LMKG. Das eröffnete ihm die Möglichkeit, weiterhin in Entscheidungsprozesse einzugreifen. Sich ganz zur Ruhe zu setzen, war ihm auch jetzt noch nicht denkbar, und das blieb so bis zu seiner schweren Erkrankung im Herbst 1987. Von ZF wurden Baur, Mugler und Grübl in den Beirat entsandt, aus dem Lemförder Kreis blieb es bei

Irmgard Ulderup und Christian P. Ulderup. Die Geschäftsführung der KG arbeitete unverändert weiter mit Paul Ballmeier, zuständig für Finanzen und kaufmännische Verwaltung, Andreas Schmidt für Entwicklung und Vertrieb, Lorenz Thoelen für Produktion und Materialwirtschaft. Später kam Bernd Habersack als Nachfolger für Andreas Schmidt hinzu.

Als Jürgen Ulderup im Oktober 1985 seinen 75. Geburtstag feierte, gratulierten Mitarbeiter und Unternehmensleitung, Freunde und Repräsentanten des kommunalen, öffentlichen und wirtschaftlichen Lebens. Besonders dürfte ihn die folgende Würdigung gefreut haben: »Die Landschaft am Dümmer wurde in den letzten vier Jahrzehnten mit neuem hoffnungsvollem Leben erfüllt. Mit diesem wirtschaftlichen, menschlichen und nationalen Verdienst hat sich Jürgen Ulderup am Dümmer ein bleibendes Denkmal gesetzt.«

Eine besondere Ehrung wurde ihm noch im Mai 1986 zuteil mit der Verleihung des Großen Verdienstkreuzes des Niedersächsischen Verdienstordens. Dabei wurden ausdrücklich sein Engagement für den Naturschutz und bei der Aus- und Weiterbildung in der Wirtschaft des Landes hervorgehoben. Das nahm Bezug auf die vom Ehepaar Ulderup 1983 gegründete Dr.-Jürgen-Ulderup-Stiftung.

Im Jahre 1991 machte Lemförder mit fast 5000 Mitarbeitern bereits 800 Mio DM Umsatz. Die Nachfolger haben nach seinem Tod manches anders gemacht, in manchen Fragen anders entschieden als er es wahrscheinlich getan hätte. Sie haben zum Beispiel mehr Wert auf Öffentlichkeitsarbeit und innerbetriebliche Kommunikation gelegt. Doch das Unternehmen insgesamt haben sie in seinem Sinne in sozialer Verantwortung weitergeführt und vorangebracht. Nach dem wartungsfreien Kugelgelenk erwies sich der Übergang zu kompletten Systemen wie die Volvo-Lenksäule als erfolgreiche Innovation.

In den Jahren 1989 und 1990 rückte Dipl.-Kfm. Paul Ballmeier, 46 Jahre alt, zum Vorsitzenden der Geschäftsführung der KG und zum Alleinvorstand der AG auf. Als Geschäftsführer standen ihm Bernd Habersack und Ernst-Georg Zeidler zur Seite. Anfang 1996 wechselte Ballmeier in die ZF-Konzernleitung nach Friedrichshafen, blieb aber Vorstand der AG. Dipl.-Ing. Bernd Habersack, Jahrgang 1941, wurde sein Nachfolger als Sprecher der Geschäftsführung Lemförder.

Max Webers Idealtypus eines kapitalistischen Unternehmers.
Ulderup als Unternehmer, als Manager, als Mensch

Max Weber (1864–1920), bedeutender Nationalökonom, Soziologe und Politiker, hat 1905 in seinem Band »Die protestantische Ethik und der Geist des Kapitalismus« den Idealtypus eines kapitalistischen Unternehmers mit folgenden Sätzen charakterisiert:

»Er scheut die Ostentation und den unnötigen Aufwand ebenso wie den bewußten Genuß seiner Macht und die ihm eher unbequeme Entgegennahme von äußeren Zeichen der gesellschaftlichen Achtung, die er genießt. Seine Lebensführung ... trägt einen gewissen asketischen Zug an sich. Es ist namentlich ... recht häufig bei ihm ein Maß von kühler Bescheidenheit zu finden. Er ›hat nichts‹ von seinem Reichtum für seine Person – außer der irrationellen Empfindung guter ›Berufserfüllung‹.«

Jürgen Ulderup gleicht dieser Charakterskizze auf verblüffende Weise. Man könnte meinen, er hätte ihr bewußt nachgelebt, gäbe es nicht Grund zur Annahme, daß er Webers Idealbild nicht gekannt hat.

Ulderup war in seinem Handeln ein Mann der Sozialen Marktwirtschaft, auch wenn er es selbst nicht so formuliert hat. Denn er hielt nichts von Zuordnungen und öffentlichen Bekenntnissen. Vielmehr entschied er allein nach praktischen Gesichtspunkten, und ob er damit in die Nähe einer Lehrmeinung geriet oder sich gar in Übereinstimmung mit ihr befand, war ihm gleichgültig. Er war Pragmatiker, nicht Theoretiker.

Als glückliche Verbindung muß es bezeichnet werden, daß er Unternehmer und Manager in einer Person war. Er konnte beide Funktionen ausfüllen, weil er Unternehmer mit Leib und Seele war, das Geschäft des Managers aber vorher gründlich erlernt und seine Fähigkeit dazu in einem Großbetrieb bereits unter Beweis gestellt hatte.

In späteren Jahren konnte er sich einer Reihe sehr kompetenter Würdigungen als Unternehmer wie als Manager erfreuen. Er selbst nannte drei Grundsätze als wichtige Grundlage für den Erfolg seines Unternehmens: Herstellung erstklassiger Produkte, sozialverpflichtetes Handeln im Betrieb, gesellschaftliches Engagement im betrieblichen Umfeld.

An ihm wurden Weitblick und Kreativität, Mut und Innovationsfreude gerühmt. Sein Mut verließ ihn auch in Krisenzeiten nicht, und sein Interesse an neuen Entwicklungen ist fast versessen zu nennen. »Was gibt es Neues?« und: »Was können wir Näheres darüber erfahren?« waren stehende Redewendungen von ihm; und das war nicht nur so dahingesagt.

Natürlich herrschte auch bei Lemförder nicht alle Tage Sonnenschein. Lorenz Thoelen sprach, als er 1989 nach mehr als zwölf Jahren in leitender Funktion ausschied, von Höhen und Tiefen, von Licht und Schatten in der Entwicklung des Unternehmens. Dennoch, fügte er hinzu, wären die Jahre in Lemförde die schönsten, glücklichsten und interessantesten seines gesamten Berufslebens gewesen. Andere brachten es auf den Nenner: Es war Freude und Fron, Lust und Last, für und mit Ulderup zu arbeiten.

Auch Paul Ballmeier, nachmaliger Alleinvorstand der LMAG, sprach, als Ulderup zu Grabe getragen wurde, von einem Lebens- und Arbeitsweg, der von vielerlei Tiefen und Höhen, Widrigkeiten und Erfolgen, Siegen aber auch Niederlagen geprägt gewesen wäre. Daß Ulderup Niederlagen ertragen konnte, an ihnen nicht zerbrach, sondern durch sie zu noch größeren Anstrengung angespornt wurde, macht einen wichtigen Teil seines Wesens aus.

Karl-Heinz Becker, viele Jahre lang Vorsitzender des Gesamtbetriebsrates, weiß zu berichten, daß gegensätzliche Meinungen oft hart aufeinander prallten. Ulderup war alles andere als konfliktscheu, aber er trug seine Konflikte mit dem Betriebsrat stets offen und fair aus. Am Ende hat man sich immer wieder zusammengerauft.

Sein Führungsstil war ausgesprochen patriarchalisch, der eines strengen aber gerechten Patrons. So hat er sich selbst gesehen, und so wird er auch übereinstimmend geschildert. Seinen Mitarbeitern verlangte er vor allem und immer wieder Verantwortungsbewußtsein bei der Ar-

Siebzig Kerzen brennen für Jürgen Ulderup beim Empfang zu seinem 70. Geburtstag im Festzelt auf dem Anwesen in Haldem

beit ab, Selbstkontrolle und Gewissenhaftigkeit. Wir Lemförder produzieren nicht Zierleisten, sondern lebenswichtige Lenkungsteile, hieß es mahnend im Betrieb. Und: Bedenke, daß von Deiner Gewissenhaftigkeit das Leben anderer abhängt.

Hermann Schwinges aus Düsseldorf hat in einer Tischrede anläßlich einer Vertretertagung 1976 zu Ulderup gesagt, was die meisten empfanden: »Sie sind nicht nur wegen Ihres umfassenden Wissens und unermüdlichen Einsatzes und Ihrer Erfolge wegen als Unternehmer respektiert und geschätzt. Sie sind mit Ihrer menschlichen Anteilnahme, die Sie den persönlichen Anliegen Ihrer Mitarbeiter entgegenbringen und helfen lassen, für uns als ein Patron im besten Sinne des Wortes geworden.«

Daß er zu jeder Zeit Herr im Hause war, hat er nicht erst herauszukehren brauchen: Es war ihm wie allen Mitarbeitern ganz selbstverständlich. Aber er war nicht herrschsüchtig, auch nicht rechthaberisch. Und doch hat er seinen Willen fast immer durchgesetzt: mit Beharrlichkeit und klugen Schachzügen, wiewohl er kein Schachspieler war. Er manövrierte, machte unerwartete, für andere unverständliche und anscheinend unlogische Züge – und kam damit zum Ziel. Einem Berater sagte er: »Du hast Recht, aber ich mache es trotzdem anders.«

Er duzte alle Mitarbeiter nach Gutsherrenart, und wie es manchmal noch der Landarzt mit seinen Patienten tut. »Du, Seidel«, sagte er zur Sekretärin, und »Du, Wieting« zum Fahrer. Niemand nahm den geringsten Anstoß daran, im Gegenteil: Es wurde von den meisten als familiäre Ansprache empfunden. Schlecht war, hörte man, wenn der Doktor einen plötzlich siezte, denn dann stand meistens Ärger ins Haus.

Statistiken, Zahlen und Fakten, die ihm vorgelegt wurden, hat er eingehend und sachkundig studiert. Er hat solche Vorlagen oft angefordert, um Entwicklungen überprüfen und Entwicklungslinien herausarbeiten zu können. Ungern hat er Bilanzen gelesen, das überließ er anderen wie Ulrich Bollmeyer.

Kein Zweifel: Dr. Jürgen Ulderup hatte Freude an seiner Unabhängigkeit und Selbständigkeit, Lust an der Übernahme von Verantwortung, am Disponieren und Entscheiden. Das Geldverdienen war ihm wichtig als Ausweis für den Erfolg. Wenig Wert legte er darauf, im Rampenlicht zu stehen. Er gierte nicht nach öffentlicher Anerkennung und nicht danach, seinen Namen in der Zeitung zu lesen.

Er war Unternehmer, nichts als Unternehmer, der ideale Unternehmer schlechthin, sagt der Rechtsanwalt Dr. Bruno Germscheid aus Düsseldorf von ihm. Da blieb für anderes kaum Platz.

Der Gesinnung nach wurde er wohl mit Recht dem national-konservativ-liberalen Lager zugerechnet, doch hat er es vermieden, sich parteipolitisch festzulegen. Er unterstützte CDU und FDP mit Geldzuwendungen. Mit den Sozialdemokraten hatte er nichts im Sinn, wenngleich er Helmut Schmidt schätzte.

Ein große Neigung hatte er zur klassischen Musik und zur Oper. Er hat Aufführungen in der Hamburger Staatsoper besucht und ist später mit Irmgard regelmäßig zu den Salzburger Osterfestspielen gefahren. Die Osterfestspiele boten mit den Berliner Philharmonikern unter Herbert von Karajan nicht nur hervorragende Musik, sondern waren auch ein gesellschaftliches Ereignis.

Zur Amtskirche hatte er ein distanziertes Verhältnis. Er war evangelisch getauft und konfirmiert und hat sich Ende 1937 mit Annelotte Raue kirchlich trauen lassen. Danach ging er, wie Sohn Christian Peter sich erinnert, mit der Familie nur noch einmal im Jahr zur Kirche: zu Weihnachten. Daß er der Evangelischen Kirchengemeinde Dielingen einige tausend Mark für eine Fahrt zum Kirchentag in Hannover sowie für den Ankauf einer Tenorposaune spen-

dete, ist wohl eher der Förderung der Region zuzurechnen denn besonderer Verbundenheit mit der Amtskirche. Das gilt auch für die Stiftung einer Ahlborn Computer Orgel für das Gemeindezentrum in Haldem.

Im Jahre 1980 ist Ulderup im Zusammenhang mit einer sehr hohen Kirchensteuerforderung aus der Evangelischen Kirche ausgetreten. Er hatte eine Sonderregelung zugunsten der Gemeinde Dielingen verlangt, was von den Landeskirchenämtern in Bielefeld und Hannover aus grundsätzlichen Überlegungen abgelehnt wurde. Daraufhin erklärte er den Austritt und übereignete seinerseits der Dielinger Gemeinde 100 000 Mark für den Erhalt des alten denkmalwürdigen Pfarrhauses im Fachwerkstil sowie für sozialdiakonische Aufgaben.

Seine persönliche Bescheidenheit war ein hervorstehendes Merkmal an Jürgen Ulderup. Sie drückt sich auch in seinen Eß- und Trinkgewohnheiten aus. Sein Lieblingsgericht waren Sülze und Bratkartoffeln, die er auch dann oft bestellte, wenn er Gäste ausführte. Danach aber verlangte er nach einer Süßspeise. Süßspeise, sagte er, müsse sein, so wie er auch gern Schokolade aß. Er hatte stets eine angebrochene Tafel davon in der Rocktasche, wird gesagt.

Die Hand gab er eher zögerlich und weich, so als wollte er sein Gegenüber auf Distanz halten, nicht an sich herankommen lassen. Einer seiner Mitarbeiter sagt: »Die Art, wie der Doktor die Hand reichte, hatte etwas mit seiner Schnoddrigkeit gemeinsam.« Auch die Schnoddrigkeit war eine Art Schutzfassade.

Seine Hände waren relativ klein, und in praktischen Dingen war er nicht sehr geschickt. »Ich habe zwei linke Hände«, sagte er von sich selbst. Der Doktor könne keinen Nagel in die Wand schlagen, hieß es in seiner Umgebung.

Ein ausgesprochener Hundenarr war er. Solange er denken kann, gehörten Hunde zum Haus, sagt Christian Peter. Im Jahre 1964 grüßte

Ulderup in einem Brief an seine Mutter auch von Max und Susi, den beiden Chow-Chows.

Was er sagte, hatte Gewicht, ohne daß man ihn einen begnadeten Redner hätte nennen können. Seine Sprache war kurz angebunden, ein wenig polternd. Zum Zuhören fehlte ihm die Geduld, und die Notwendigkeit, gelegentlich selbst eine Rede halten zu müssen, war ihm ein Greuel. Er sprach schwerfällig, stockend und abgehackt, klebte förmlich am Manuskript.

Wenig Sinn hatte er für alles Feierliche, nichts übrig für wohlklingende aber inhaltsleere Phrasen. Bis zuletzt blieb er seiner direkten Art der Ansprache treu, auch in Briefen. Auf eine Mitteilung der Gemeinde Stemwede, die Bauern der Umgebung beschwerten sich über Metallspäne, die beim Abtransport von Abfällen aus dem Werk Dielingen auf die Straße fielen, erwiderte er: »Die Bauern sollen erst einmal selbst dafür Sorge tragen, daß ihre Abfälle – Rübenblätter und Gülle –, die laufend die Straße beschmutzen, entfernt werden, und daß sie sich an den Steuern für den Straßenbau beteiligen.« Intern wies er freilich seine Mitarbeiter an, darauf zu achten, daß die Container künftig nicht zu voll beladen werden, gegebenenfalls eine Abdeckung anzubringen.

Der ehemalige Gemeindedirektor Petering von der Samtgemeinde »Altes Amt Lemförde« bewahrt einen Brief auf, der für Ulderups ungeschminkte Ausdrucks- und Vorgehensweise typisch ist. Petering hatte zum Jahreswechsel

Ulderups Schreibzimmer in seinem Haus in Haldem: Blick nach Süden, Bücher bis zur Decke

1980/81 Glückwünsche gesandt und den Dümmer-Kalender für das kommende Jahr beigelegt. Er erhielt seinen Brief postwendend zurück mit der handschriftlichen Anmerkung Ulderups: »Besten Dank! Warum nicht in Farbe? Armes Vaterland!«

Treu war er und anhänglich, und das hat er vielfach bewiesen: seinen Familienangehörigen und alten Mitarbeitern gegenüber, dem Berliner Ruder-Club und dem Rotary Club sowie ehemaligen Kollegen von den Junkers-Werken. Als ihm 1986 von der Hugo-Junkers-Gesellschaft bei einem Festakt im Deutschen Museum in München der Junkers-Ehrenbecher verliehen wurde, sagte Präsident Flugkapitän Karlheinz B. Kindermann, an ihn gewandt:

»Sie fühlten sich immer mit der Junkerszeit und dem Werk verbunden und verpflichtet. Lemförder wurde für viele Junkers-Spätheimkehrer und ihre Familien zur Anlaufstation.« Und: »Sie waren immer bestrebt, bei öffentlichen Berichten unserer Gesellschaft im Hintergrund zu stehen. Ja, es waren sogar Anweisungen von Ihnen.«

Im Kontrast zur Großzügigkeit bei Spenden und Unterstützungen, von denen auch die Junkers-Gesellschaft profitierte, steht sein ausgeprägter Hang zur Sparsamkeit in anderen Dingen. Die Wurzel dafür ist vermutlich, daß er mit seinen Geschwistern vom Vater betont kurz gehalten worden ist. Ordnung und Sparsamkeit wurden ihnen im Elternhaus geradezu eingebleut. Er erzählte selbst, daß die Bleistifte gerade zu liegen hatten, wenn der Vater das Zimmer betrat. Alles, was Zuhause gekauft wurde, wäre zunächst darauf geprüft worden, ob es solide und preiswert war. Das macht verständlich, daß er auch als erfolgreicher Unternehmer noch Mitglied der gesetzlichen Kranken- und Rentenversicherung blieb und vom 65. Lebensjahr an eine staatliche Rente bezog.

Die letzten Jahre. Rotary Club und Ulderup-Stiftung.
Dem Tod lange Widerstand geleistet

Die Mitgliedschaft im Rotary Club hat Jürgen Ulderup bis zuletzt viel bedeutet. Als einziges Abzeichen trug er die Nadel des Clubs am Revers. Mit Richard Ey und dem Notar Rudolf Maaß aus Diepholz, der ihn jahrzehntelang in Rechtsfragen beriet, hatte er 1966 zu den Gründern des Rotary Clubs Diepholz, seit 1982 Diepholz-Vechta, gehört. Die Gründung stand unter dem Leitwort »Rotary auf dem Lande«.

Gewiß haben bei diesem Engagement auch gesellschaftliche Überlegungen eine Rolle gespielt, doch aus vielen Bekundungen wird deutlich, daß Ulderup sich den Zielen dieser internationalen Vereinigung verbunden fühlte. Ein Amt hat er während seiner 25jährigen Zugehörigkeit nicht bekleidet, aber er war ein aktives und spendenfreudiges Mitglied. Im Jahre 1984 wurde er mit der Ernennung zum »Paul-Harris-Fellow« – benannt nach dem Gründer des ersten Rotary Clubs in den USA – geehrt. Er erhielt diese Auszeichnung, die nach seinem Tod auch Irmgard Ulderup verliehen wurde, wegen vorbildlichen Wirkens im Sinne von Rotary, wie es in der Ehrenurkunde heißt. Genannt werden in diesem Zusammenhang die Pflege der Freundschaft zwischen den Völkern und herausragende Leistung als Unternehmer in Verbindung mit hoher ethischer und sozialer Einstellung. Post mortem wurde er, weil in beispielhafter Weise dem Gemeinwohl verpflichtet, zum Ehrenmitglied ernannt. Das Paul-Harris-Fellow-Abzeichen mit drei Saphiren ist ihm zusammen mit Pokalen aus seiner aktiven Rennruderzeit mit ins Grab gegeben worden. Wie nahe ihm gerade Rotary Club und Berliner Ruder-Club standen, wird daran deutlich, daß er beide in seinem letzten Willen bedachte.

Der Sulinger Kaufmann Curt Claus Vocke, ebenfalls Gründungsmitglied und zeitweiliger Präsident des Rotary Clubs Diepholz, zählt die Gründung der Ulderup-Stiftung zu den besonderen, am Gemeinwohl orientierten Leistungen. Vocke ist Mitglied im Beirat der Stiftung, und er sagt, Ulderup hätte damit die berufliche Förderung der Menschen in der Region sowie den Natur- und Landschaftsschutz zu seinem ureigenen Anliegen gemacht.

Die gemeinnützige Ulderup-Stiftung ist 1983 von Jürgen und Irmgard Ulderup in Form einer GmbH gegründet und mit einem ansehnlichen Kapital ausgestattet worden. Ihre Schwerpunkte sind in Einvernehmen mit dem Land Niedersachsen auf Umweltschutz durch Renaturisierung des Geestmoores sowie Verbesserung der Weiterbildung junger Menschen auf neue Fertigungsverfahren ausgerichtet. Dafür stehen ihr jährlich Mittel aus den Zinsen des Stiftungskapitals sowie aus Spenden der LMAG und von Irmgard Ulderup zur Verfügung. Die ersten zehn Jahre war Ulrich K. Bollmeyer Geschäftsführer der Stiftung; jetzt ist es Max Weckel, früherer Personalchef bei Lemförder.

Für die berufliche Fortbildung von Fachkräften entstand 1985 in Diepholz eine Akademie in Zusammenarbeit mit der Industrie- und Handelskammer Hannover-Hildesheim sowie des Landkreises. Der Landkreis Diepholz stellt dafür Räume in der Berufsschule zur Verfügung, während Maschinen und Geräte, Computer und Programme von der Stiftung kommen. Die Industrie- und Handelskammer nimmt Prüfungen ab und erteilt Abschlußzertifikate.

Die Akademie hat jährlich 50 bis 60 Absolventen, darüber hinaus besuchen 15 bis 20 Facharbeiter ihre Meisterkurse. Ein neuer Ausbildungsgang zum Ingenieur hat im Jahre 1995 mit 15 Teilnehmern begonnen. Rund ein Drittel der Absolventen fand in der Vergangenheit einen Arbeitsplatz bei Lemförder Metallwaren.

Für die Zwecke des Naturschutzes hat die Ulderup-Stiftung im Naturschutzgebiet Rehdener Geestmoor inzwischen fast 300 Hektar Land erworben. Außerdem gehören ihr zwei Hofstellen, der Ulenhof Rehden und der Ulenhof Hemsloh. Zwei Schafherden sollen hier die nach der Abtorfung entstandene mooruntypische Vegetation kurzhalten. Wenn der Nährstoffgehalt des Bodens zurückgegangen ist, wird eine Wiedervernässung stattfinden, in deren Folge sich neue Hochmoorflora bildet: eine Voraussetzung für die Wiederansiedlung von Hochmoorfauna.

Bootstaufe beim Berliner Ruder-Club im September 1991: Der neue Achter erhält den Namen des Spenders Dr. Jürgen Ulderup

Schließlich hat die Stiftung sich um die Erhaltung des Kinderheims in Lemförde verdient gemacht. Das Kinderheim war 1955 vom Verein für Innere Mission gegründet worden und wurde von Diakonissinnen des aus Westpreußen geflüchteten Mutterhauses Altvandsburg betreut. Wegen rückläufiger Belegungszahlen sollte es zum Jahresende 1984 geschlossen werden. Daraufhin gründeten Jürgen Ulderup, Richard Ey und andere einen neuen Trägerverein, und dank einer großzügigen Zuwendung aus der Ulderup-Stiftung konnte das Kinderheim fortbestehen, weiterhin von Diakonissinnen betreut. Ey wurde der erste Vorsitzende des Vereins Kinderheim Lemförde, Irmgard Ulderup ist stellvertretende Vorsitzende.

Im Juni 1987, hat Ulderup auf Einladung der Hugo Junkers-Gesellschaft im Deutschen Museum in München die Laudatio für Dr. Anselm Franz gehalten, der als Leiter eines Konstruktionsteams im Krieg das Strahltriebwerk Jumo 004 entwickelt und zur Serienreife gebracht hat. Dieser öffentliche Auftritt zeigt, wie stark Ulderup diesem Zeitabschnitt seines beruflichen Lebens noch verbunden war.

Noch jetzt vermochte er sich für das Strahltriebwerk, dieses technische Wunderwerk, wie er es nannte, zu begeistern. Der neuartige Flugzeugantrieb, sagte er, wäre nach dem Krieg zur wichtigsten Grundlage für die Entwicklung des Weltluftverkehrs geworden. Und er schloß mit einer für ihn ungewöhnlichen politischen Wertung. Wir alle miteinander, sagte er, könnten froh sein, daß die Wunderwaffe Strahljäger zu spät gekommen sei. Denn bei früherem Einsatz der Strahltriebwerke wäre der Krieg verlängert worden und es hätte die Gefahr bestanden, daß die in den USA vorhandenen Atombomben über Deutschland anstatt über Japan gezündet worden wären.

Seine Zuhörer, auch die alten Kollegen, waren beeindruckt. Ulderup hatte auf sie den Eindruck großer geistiger wie körperlicher Frische gemacht. Diesen Eindruck hatten auch viele Mitarbeiter von Lemförder, die ihn mit 75 Jahren gelegentlich noch Tennis spielen sahen auf der Anlage des Tennis-Clubs Dielingen, der 1963 von Lemförder gegründet worden war. Die Anlage verfügt über vier Plätze im Freien sowie über zwei Hallen, von denen eine seinen Namen trägt.

Personen, die ihm nahestanden, wußten jedoch, daß es mit seiner Gesundheit längst nicht mehr so gut stand, wie es den Anschein hatte. Anfang September 1987 fuhr er mit seiner Frau zur Internationalen Automobil-Ausstellung IAA nach Frankfurt am Main. Danach flogen beide vom Rhein-Main-Flughafen aus nach Neapel, um auf Ischia zu kuren. Von dort ging es am 22. September ebenfalls mit dem Flugzeug nach Spanien, um in Marbella nahe Malaga Urlaub zu machen und seinen 77. Geburtstag zu feiern.

In Marbella hatte er, schon eingewöhnt, eines Tages Schwierigkeiten, den Arm zu heben, maß diesem Alarmsignal aber keinerlei Bedeutung zu. Zwei Tage darauf, am Mittwoch, 7. Oktober, traf ihn der Schlag.

Ulderup wurde in ein Krankenhaus gebracht und – nachdem die notwendigen Formalitäten erledigt waren – am Sonnabend, 10. Oktober, mit der Luftrettung nach Deutschland zurückgeflogen. Im Krankenhaus St.-Elisabeth-Stift in Damme war alles zu seiner Aufnahme vorbereitet. Vier Monate lang wurde er hier stationär behandelt, im März 1987 auf Wunsch der Ehefrau zur häuslichen Pflege entlassen.

Die Diagnose lautete: »Zustand nach Hirninfarkt.« Der Tatmensch Ulderup war absolut hilflos geworden, konnte sich allein nicht mehr bewegen und reagierte nicht auf seine Umgebung. Die gesamten Hirnfunktionen waren derartig gestört, daß weder verbale noch nonverbale Verständigung mit ihm möglich war. Wesentliche Besserung seines Zustandes war nach ärztlicher Einschätzung nicht zu erwarten.

Im Hause in Haldem hatte Irmgard Ulderup das große Wohnzimmer in eine Pflegestation verwandelt und Vorsorge für menschliche Zuwendung getroffen. Ihr zur Seite standen abwechselnd zwei Ärzte, dazu ein Pfleger und ein Masseur. Hinzu kamen drei Mitarbeiter aus dem Betrieb, die einander ablösten und vom frühen Morgen bis in den späten Abend bei der Pflege behilflich waren.

Mehr als dreieinhalb Jahre lang hat Jürgen Ulderup nach dem Hirninfarkt dem Tod noch widerstanden. Dreieinhalb Jahre hat er nicht mehr gesprochen, wurde aber auch alles getan, um seinen Zustand erträglich zu gestalten.

Die Menschen, die ihn umsorgten, vermittelten ihm ein Gefühl von Geborgenheit. Es war deutlich sichtbar, daß er auf vertraute Stimmen reagierte, indem er sich entspannte, sagte Hausarzt Dr. Axel Hespe. Sein Herz war sehr stark und sein Kreislauf noch stabil, deshalb hat er dem Tod so lange widerstehen können.

Seine Bewußtseinslage schwankte, sagte Dr. Gerhard Ey. Manchmal sei das Bewußtsein weit weg, manchmal näher gewesen. Auch als Arzt hätte man nur ahnen können, was der Patient bewußt wahrnahm, welche Zuwendung bis zu ihm durchdrang. Schwester Ingeborg Kiel, die ihn die letzten beiden Jahre betreute und viermal täglich zur Pflege ins Haus kam, ist sich sicher, daß Dr. Ulderup sehr viel von seiner Umgebung aufnahm.

Irmgard Ulderup stellte vertraute Fotos vor ihm auf in der Hoffnung, dadurch Erinnerungen wachzurufen. Bei schönem Wetter wurde er von seinem alten Fahrer Louis Braun im Rollstuhl auf die Terrasse oder durch den Garten gefahren. Man gab ihm einen Tennisball in die Hand, um ihn Gewohntes und Vertrautes fühlen zu lassen.

Ralf Bick, sein letzter Fahrer, hat ihn gelegentlich mit dem Auto spazierengefahren. Mit Hilfe eines sogenannten Lifters konnte der Kranke ohne große Mühe aus dem Rollstuhl auf den Beifahrersitz gehoben werden. Sie fuhren an den Dümmer, ins Moor, an den Lemförder Werken vorbei, durch das vieltausendmal durchfahrene Tor des Dielinger Betriebes. Hat er es erkannt, kam ihm Erinnerung? »Er strahlte mich schon an«, sagte Bick, »wenn nur Anstalten zu einer Ausfahrt gemacht wurden.«

Es war ein langes, aber ein würdevolles Sterben, sagte Dr. Ey. Und er fügte hinzu: »Wenn sich Gesichtszüge eines Schwerkranken deuten lassen, dann muß man davon ausgehen, daß Dr. Ulderup sich in guter Obhut wußte und nicht verlassen gefühlt hat.«

An seinem 80. Geburtstag im Oktober 1990 kamen noch einmal Freunde, um zu gratulieren. Man spielte ihm ein Video über die Lemförder Metallwaren vor, zeigte ihm Aufnahmen von den Hallen und von der Fertigung. Hat er dabei aufgemerkt? Manche meinen ja, aber sicher sind sie nicht.

»Die Hauptlast der Pflege lag bei Frau Ulderup. Dabei standen ihr Maria Fernandes und Tina Ferreira zur Seite. Drei Kollegen aus dem Betrieb: Walter Gattau, Helmut Schmidt und Julius Wieting halfen abwechselnd Schwester Ingeborg Kiel bei der täglichen Pflege. Auch Horario Fernandes gehörte zu den eifrigen Helfern.« berichtet Karl-Heinz Becker, der manche Nacht am Bett von Jürgen Ulderup wachte.

Am Sonntag, 20. April 1991, ist Jürgen Ulderup abends ins Koma gefallen. Am Dienstag, 23. April, ist er, kurz vor 13 Uhr, im 81. Lebensjahr gestorben. Die Nachricht davon erreichte die Unternehmensführung während einer Betriebsversammlung im Werk Dielingen. Der Vorstandsvorsitzende Ballmeier gab sie mit bewegter Stimme bekannt. Danach wurde die Versammlung abgebrochen.

Jürgen Ulderup dankt Mitarbeitern und Gästen an seinem 70. Geburtstag

Die Beisetzung auf dem Friedhof in Haldem fand vier Tage später statt: am Sonnabend, 27. April 1991, mittags. Bis dahin war der Tote im Sterbezimmer aufgebahrt. Irmgard Ulderup stellte die Traueranzeige der Familie unter das Wort: »Und Gott sprach das große Amen.«

In der Anzeige der Lemförder Metallwaren – unterzeichnet von Vorstand, Geschäftsführung, Betriebsräten und Belegschaft – hieß es: »Dr.-Ing. Jürgen Ulderup hat in mehr als vierzig Jahren durch erfolgreiche Arbeit, anerkannte Fachkenntnis und Ideenreichtum die Gruppe Lemförder Metallwaren geprägt. Dieses Unternehmen war sein Leben.« Und: »Wir trauern um einen Mann, der in seinem Leben in ungewöhnlicher Weise Weitblick, unternehmerische Zielstrebigkeit und Konsequenz mit menschlicher Größe und Souveränität verbunden hat. Die persönlichen Belange seiner Mitarbeiter waren ihm ein stetes Anliegen.«

Gemeindepastor Dullweber segnete den Toten im Hause aus, bevor der Sarg geschlossen, auf dem Wagen des Beerdigungsinstitutes gesetzt und hinuntergefahren wurde zur Trauerfeier in der Heiligen Kreuz Kapelle. Da die Kapelle bei weitem nicht alle Trauergäste faßte, wurde die Feier in den Saal des nahegelegenen Gasthauses sowie nach draußen übertragen.

Bewegende Abschiedsworte sprachen Paul Ballmeier als Vorsitzender der Geschäftsführung, Vorstandsvorsitzender Dr. Klaus Peter Bleyer für die Zahnradfabrik Friedrichshafen AG, Karl-Heinz Becker als Vorsitzender des Gesamtbetriebsrates, Ulrich K. Bollmeyer für die Ulderup-Stiftung und Dr. Rolf Momburg, Oberkreisdirektor des Kreises Minden-Lübbecke. Der Haldemer Männergesangverein sang ein letztes Lied für sein Ehrenmitglied.

Der Sarg war von einem Meer von Blumen und Kränzen umgeben. Pastor Dullweber interpretierte die Fülle der Blumen nicht nur als Zeichen von Zuneigung, sondern auch als vielfältigen Ausdruck von Dank und Ehrung für den Menschen Ulderup.

Mitarbeiter trugen danach den Sarg aus der Kapelle hangaufwärts über den Friedhof zur vorbereiteten Gruft an der Stelle, die seinem Haus am nächsten liegt. Pastor Dullweber sprach als letztes Gebet das Vaterunser, der Sarg wurde in die Gruft gesenkt, die Gruft danach geschlossen. Der Lebensweg eines bedeutenden Mannes hatte sich vollendet.

Chronik

1876
14. November. Wilhelm Ulderup, der Vater von Jürgen Ulderup, wird in Kolstrup bei Apenrade geboren.

1881
11. Mai. Die Mutter Jürgen Ulderups, Margarete Raben, wird in Apenrade geboren.

1907
17. Januar. Eheschließung von Wilhelm und Margarete Ulderup in Apenrade.

1910
11. Oktober. Jürgen Ulderup wird als erstes Kind von Wilhelm und Margarete Ulderup in Cuxhaven geboren.

1913
27. Juni. Annelotte Raue, die spätere Frau von Jürgen Ulderup, wird in Potsdam geboren.

1919
Oktober. Jürgen Ulderup ist Schüler des Falk-Realgymnasiums im Bezirk Berlin Tiergarten.

1922
16. April. Irmgard Dienst, die spätere zweite Ehefrau Jürgen Ulderups, wird in Breisach bei Freiburg geboren.

1929
27. Februar. Jürgen Ulderup besteht die Reifeprüfung mit dem Prädikat »Gut«.

Oktober. An der Technischen Hochschule Berlin-Charlottenburg beginnt Jürgen Ulderup ein Studium der Wirtschaftswissenschaften.

1930
28. März. Jürgen Ulderup tritt in den Berliner Ruder-Club als aktiver Rennruderer ein.

1933
Diplomprüfung Jürgen Ulderups mit dem Prädikat »Sehr gut«.

1. Dezember. Eintritt Ulderups in das Vorstandssekretariat der Auto Union AG in Zschopau bei Chemnitz.

1934
Jürgen Ulderup promoviert mit einer Arbeit über den Weltluftverkehr und seine Probleme in Deutschland zum Dr.-Ing.

November. Wegen regimekritischer Äußerungen wird Ulderup zwei Wochen lang im Konzentrationslager Frankenberg/Sachsen inhaftiert.

12. Oktober. Eintritt Ulderups bei den Mitteldeutschen Motorenwerken Taucha/Leipzig mit der Aufgabe, den Vertrieb aufzubauen.

1937
21. Dezember. Jürgen Ulderup und Annelotte Raue heiraten in Berlin.

1939
Neuer Wohnsitz der Eltern von Jürgen Ulderup ist Flensburg.

1940
16. Mai. Christian Peter Ulderup wird als erstes Kind von Jürgen und Annelotte Ulderup in Leipzig geboren.

1941
1. Juni. Eintritt Jürgen Ulderups in die Junkers Flugzeug- und Motorenwerke AG Dessau als Leiter des Technischen Hauptbüros im Motorenbau.

1942
3. Januar. Hans-Jürgen Ulderup, genannt Hansel, wird als zweites Kind von Jürgen und Annelotte Ulderup in Dresden geboren.

1944
März. Jürgen Ulderup wird Werkleiter der Zittwerke AG in Zittau.

1945

5. April. Englische Verbände besetzen Lemförde.

Mai. Flucht Ulderups nach Neuenrade bei Neumünster in Schleswig-Holstein.

1. Juli bis 31. Oktober. Jürgen Ulderup arbeitet bei der Metallwarenfabrik Theodor Klatte in Bremen-Huchting und geht im Oktober im Auftrag von Klatte von Bremen nach Lemförde.

1946

1. März. Ulderup schließt mit den Lemförder Berginteressenten einen Pachtvertrag ab zur befristeten Nutzung von Gasthaus, Saal und Scheune des Hannoverschen Berghauses.

19. August. Eintragung der Norddeutschen Metallwaren-Handelsgesellschaft mbH – Büro Lemförde in das Handelsregister beim Amtsgericht Flensburg. Gesellschafter sind Dr. Wilhelm Ulderup und Otto Rathje.

1947

20. Mai. Eintragung der Lemförder Metallwarengesellschaft mit beschränkter Haftung (LMG) in das Handelsregister von Diepholz.

1948

Umzug in einen ausgebauten Hallentorso, in der Nähe des Hannoverschen Berghauses.

1949

Baubeginn für ein Büro-, Fabrikations- und Wohngebäude am Hageweder Weg in Lemförde.

1950

Fertigstellung und Bezug des neuen Gebäudes in Lemförde am Hageweder Weg.

27. November. Dr.-Ing. Jürgen Ulderup wird zum Geschäftsführer der LMG bestellt. Er übernimmt damit erstmals offiziell eine Funktion im Unternehmen.

1951

Ausweitung des Betriebs nach Dielingen mit Erwerb des Grundstücks »Röthekuhle«.

13. April. Jürgen Ulderup übernimmt die Hälfte der Geschäftsanteile an der Lemförder Metallwarengesellschaft mbH von seinem Vater Wilhelm Ulderup.

17. Mai. Jürgen Ulderup und seine Schwiegermutter Johanna Raue gründen die Optima-Knopffabrik GmbH.

1952

Mit Schubstangen und Gelenkwellen wird das Programm von Lemförder erweitert.

12. Juli. Richtfest in Dielingen, das zweite Werk von Lemförder geht seiner Vollendung entgegen.

1954

Kontaktaufnahme mit Dr. Gottfried Reuter. Gemeinsames Interesse an Kunststoff- und Gummi-Metall-Verbindungen führt zum Aufbau von Entwicklung und Fertigung in Lemförde.

15. April. Erstes Patent der LMG für ein »Gelenk, insbesondere für Lenkgestänge von Kraftfahrzeugen«.

16. November. Wilhelm Ulderup tritt die restlichen Anteile an der Lemförder Metallwarengesellschaft mbH an seinen Sohn ab.

1957

27. Mai. Hans-Jürgen Ulderup stirbt an Leukämie.

11. Dezember. Ulderup hat auf der Autobahn einen Verkehrsunfall, bei dem er schwer und seine Frau Annelotte tödlich verletzt werden.

1959

Karl-Heinz Becker rückt beim Ausscheiden von Michael Lasse als Vorsitzender des Betriebsrates in Dielingen nach.

28. Oktober. Wilhelm Ulderup, der Vater von Jürgen Ulderup, stirbt im 83. Lebensjahr.

1960

Einführung einer Betriebsordnung.

1. März. LMG übernimmt ein Gebäude in Wagenfeld und baut dort den dritten Standort auf.

1961

9. Juni. Jürgen Ulderup heiratet zum zweiten Mal. Seine Frau Irmgard Dienst stammt aus Breisach bei Freiburg.

15. Dezember. Beschluß der Satzung für die »Lemförder-Unterstützungskasse e.V.« Sie übernimmt die Aufgaben der »Betriebs-Unterstützung e.V.«.

1962

Anwerbung der ersten Gastarbeiter. Italiener kommen nach Dielingen und Lemförde.

15. Dezember. Abschluß des Gesellschaftsvertrages der Maschinenbau Damme GmbH.

1963
8. Juni. Gesellschaftsvertrag für die Maschinenbau Wagenfeld AG wird abgeschlossen.

19. Juni. Abschluß eines Lizenzvertrages in Brasilien zur Herstellung von Spurstangen und Gelenkwellen.

20. Juli. Umwandlung der LMG in eine Aktiengesellschaft (LMAG) und Aufstockung des Grundkapitals auf 3 Mio DM. Jürgen Ulderup ist Alleingesellschafter und Alleinvorstand.

1964
17. Februar. In Damme wird die Produktion aufgenommen.

9. Mai. Margarete Ulderup, die Mutter von Jürgen Ulderup, stirbt im 83. Lebensjahr.

8. Juli. Aus dem Bremer Exportbüro entsteht die Lemförder Metallwaren-Export GmbH (Lemex) mit Sitz in Bremen.

1965
23. Juli. Änderung der Rechtsform der Maschinenbau Damme GmbH in eine Aktiengesellschaft.

1967
29. März. Unterzeichnung des Gesellschaftsvertrages zur Gründung der Elastmetall-Damme/Oldenburg GmbH.

20. Dezember. Lemförder Metallwaren AG und die Theodor Klatte KG gründen die Metallwarenfabrik Theodor Klatte GmbH in Bremen-Huchting.

1968
Einrichtung einer zentralen Ausbildungsstätte in Damme.

1. Januar. Anforsa erhält rückwirkend eine Lizenz zur Herstellung von Fahrzeugteilen.

2. Januar. Abschluß eines Gesellschaftsvertrages zur Gründung der Lemförder Metall Argentina S. R. L. (Lemfa) in Buenos Aires.

18. Januar. Umfirmierung der Elastmetall-Damme/Oldenburg GmbH in Elastmetall GmbH.

18. April. LMAG beteiligt sich mit 43 Prozent an der Ansa in Burgos. Das Unternehmen erhält die Rechtsform einer Kapitalgesellschaft und firmiert jetzt als Ansa Lemförder S. A. (Anforsa).

1969
25. April. Lemförder Metall und die Borg-Warner Corporation gründen die Lemförder-Warner Mechanic GmbH.

1970
10. Juli. Ulderup beteiligt seinen Sohn Christian Peter an der Lemex in Bremen.

1971
15. Juni. Beschluß das Vermögen der Elastmetall GmbH gemäß Umwandlungsgesetz mit Wirkung vom 31. Mai auf die LMAG zu übertragen.

16. Juli. Die Lemförder Metallwaren AG übernimmt mit einem Verschmelzungsvertrag vom 6. Juli 1971 die Maschinenbau Damme AG und die Maschinenbau Wagenfeld AG.

22. Dezember. Schachtelbeteiligung der Norddeutschen Landesbank, Hannover, am Stammkapital der LMAG.

1972
25 Jahre Lemförder Metallwaren

9. Mai. Karl-Heinz Becker wird zum Vorsitzenden des ersten Gesamtbetriebsrates gewählt.

20. Mai. Einführung der betrieblichen Altersversorgung.

1. August. Christian Peter Ulderup übernimmt die Leitung des Werkes Elastmetall.

Jahresende. Im Jubiläumsjahr sind in der Dümmerregion rund 2200 Arbeitnehmer für Lemförder Metall tätig, 1200 in Lemförde und Dielingen, 600 in Damme und 400 in Wagenfeld, darunter in Dielingen und Damme 220 Ausländer.

1973
22. Mai. Gründung der Lemförder Métal France S. A.

1974
Verlagerung des Ausbildungszentrums von Damme zum Lemförder Berg, in das »Stammhaus« von Lemförder Metall.

1975

Die neue Zentrale im Werk Dielingen – das Haus der Technik – ist fertiggestellt und wird bezogen.

31. Oktober. Christian Peter Ulderup wird Geschäftsführer der Lemex in Bremen.

1976

30. Juli. Jürgen Ulderup und Karl-Heinz Thomas schließen einen Gesellschaftsvertrag zur Gründung der Lemförder Metallwaren Jürgen Ulderup & Co., mit Sitz in Lemförde.

2. August. Lemförder Metallwaren Jürgen Ulderup & Co. wird als offene Handelsgesellschaft in das Handelsregister von Diepholz eingetragen. Persönlich haftende Gesellschafter sind Jürgen Ulderup und Karl-Heinz Thomas.

1. Dezember. Ulderup scheidet als persönlich haftender Gesellschafter aus, um als Kommanditist in die Gesellschaft wieder einzutreten, die damit die Rechtsform einer Kommanditgesellschaft erhält (LMKG).

28. Dezember. Der Vertragsabschluß mit POLMOT, Außenhandelsunternehmen der polnischen Kraftfahrzeugindustrie, zur Lizenzfertigung ist der erste Schritt von Lemförder auf den Ostmarkt.

1977

1. Januar. Die LMKG übernimmt die Betriebsführung aller Betriebe von Lemförder Metallwaren AG und damit auch das Personal.

25. März. Beschluß des Beirats der LMKG zur Übernahme von Geschäftsanteilen an der Maschinenbau Hilma GmbH in Hilchenbach.

6. Mai. Abschluß eines Gesellschaftsvertrages zur Gründung einer Exportgesellschaft für den internationalen Handel mit Lemförder-Produkten. Die Lemförder Metallwaren International GmbH (LMI) wird am 18. Mai 1977 in das Handelsregister eingetragen.

1978

21. Dezember. Borg-Warner überträgt die Geschäftsanteile an der Lemförder-Warner Mechanic GmbH auf die LMAG. Die Gesellschaft heißt jetzt LWM Lemförder Gelenkwellen Gesellschaft mbH.

1979

16. Juli. In das Handelsregister von Zürich wird die Uleto Export AG eingetragen. Die Aktien

halten Ulderup und Thomas. Der Sitz wird später nach Zug verlegt.

1980

4. Juni. In den Vereinigten Staaten von Amerika wird die Lemförder Corporation (LC) gegründet.

4. Juli. Der Beirat der LMKG stimmt einer Beteiligung in Höhe von 67 Prozent an der französischen Nadella-Gruppe zu.

1981

19. November. Karl-Heinz Thomas legt alle Ämter in der Lemförder-Gruppe nieder.

1982

1. März. Paul Ballmeier wird mit Wirkung vom 1. Oktober 1982 zum stellvertretenden Geschäftsführer der LMKG berufen.

13. April. Umfirmierung der Lemförder Metallwaren Jürgen Ulderup & Co. in Lemförder Metallwaren Jürgen Ulderup AG & Co.

Jahresende. Die Zahl der Mitarbeiter von Lemförder überschreitet in diesem Jahr erstmals 4000 und der Umsatz eine halbe Milliarde DM.

1983

1. Januar. Paul Ballmeier wird ordentlicher Geschäftsführer der LMKG.

24. März. Jürgen und Irmgard Ulderup gründen die Dr.-Jürgen-Ulderup-Stiftung in der Rechtsform einer GmbH.

28. Dezember. Die Zahnradfabrik Friedrichshafen AG (ZF) und die Familie Ulderup schließen einen Vertrag zur Übernahme der Lemförder-Gruppe.

1984

2. Januar. ZF übernimmt 51 Prozent der Kommanditanteile an der LMKG, 51 Prozent des Aktienkapitals der LMAG und 50 Prozent des Aktienkapitals der Uleto Export AG.

1. Oktober. Umbennung der Nadella in Compagnie Financiere des Cardans (CFC). Mit der CFC schafft Lemförder eine Holding für die französischen und spanischen Beteiligungsgesellschaften (außer Anforsa).

31. Dezember. Dr. Jürgen Ulderup legt sein Amt als Alleinvorstand der LMAG nieder.

1985

1. Januar. Martin Grübl, Mitglied der Geschäftsleitung von ZF in Schwäbisch Gmünd, wird Alleinvorstand der LMAG.

1986

15. Mai. Dr.-Ing. Jürgen Ulderup wird mit dem Großen Verdienstkreuz des Niedersächsischen Verdienstordens ausgezeichnet.

1. Juni. Bernd Habersack tritt als stellvertretender Geschäftsführer bei LMKG ein.

1987

1. Januar. Bernd Habersack, wird zum Geschäftsführer der LMKG berufen. Ihm obliegen Entwicklung, Vertrieb und Qualitätssicherung.

August. Einführung verstellbarer Lenksäulen in das Produktionsprogramm bei LWM.

7. Oktober. Am Urlaubsort Marbella erleidet Ulderup einen Schlaganfall. Nach mehrmonatigem Krankenhausaufenthalt pflegt ihn seine Frau Irmgard, dabei unterstützen sie Pfleger und abwechselnd drei Mitarbeiter des Unternehmens.

1989

1. Januar. Paul Ballmeier übernimmt den Vorsitz in der Geschäftsführung der LMKG.

10. April. Lemförder und die englische Gesellschaft United Engineering Steels Ltd. gründen die Special Products Lemförder Ltd. (SPL).

26. Juli. In den USA gründen Lemförder Metallwaren und Ishikawa die Brewer Automotive Components Inc.

1990

13. Februar. Paul Ballmeier wird Alleinvorstand der LMAG.

1. September. Jim Orchard wird als President der Lemförder Corporation bestellt.

31. Dezember In diesem Jahr sind erstmals über 5000 Mitarbeiter bei Lemförder beschäftigt. Der Umsatz erreicht 831 Mio DM.

1991

15. März. Lemförder übernimmt von UES deren SPL-Anteile und überträgt diese auf die Holding Midwest Lemförder Ltd.

23. April. Die Maschinenfabrik Hilma GmbH wird in Lemförder Automobil-Teile GmbH (LAT) umfirmiert.

Jürgen Ulderup stirbt im 81. Lebensjahr in seinem Haus in Haldem.

30. Juni. ZF übernimmt weitere 24 Prozent Kommanditeinlage von Irmgard Ulderup

1992

19. Mai. ZF und Irmgard Ulderup übertragen ihre Stammeinlagen der LMKG auf die Lemförder Metallwaren AG. Die LMAG wird damit alleiniger Kommanditist der KG.

30. September. Karl-Heinz Becker tritt nach 42 Jahren Tätigkeit bei Lemförder in den Ruhestand.

1994

1. Januar. Eine neue Versorgungsordnung für Altersrente, Erwerbsunfähigkeitsrente, Witwen- und Waisenrente tritt in Kraft.

Die Lemförder Corporation beteiligt sich mit 51 Prozent an O&S Manufacturing Company in Whitmore Lake, Michigan.

4. Mai. Unterzeichnung des Gesellschaftsvertrages zur Gründung der Lemförder Fahrwerk-Technik GmbH (LFT) mit Sitz in Lemförde.

30. Mai. Lemförder übernimmt 57 Prozent an der Anforsa von Familie Antolin.

Juli. Aufnahme der Fertigung im zweiten Werk der Lemförder Corporation in Hebron, Kentucky.

August. In Duncan, South Carolina, beginnt die Fertigung im dritten Werk von LC.

31. Dezember. Der Umsatz von Lemförder überschreitet erstmals die Milliardengrenze.

1995

Februar. Das Werk Hebron der Lemförder Corporation nimmt zusätzlich die Herstellung von Elastmetallprodukten auf.

13. April. Abschluß des Gesellschaftsvertrages zur Gründung der SLC Fahrwerk-Technik China GmbH mit Sitz in Lemförde, für das Geschäft in der VR China.

22. Mai. Lemförder Fahrwerk-Technik übernimmt alle Anteile von LAT.

23. Oktober. Die LWM Lemförder Gelenkwellen GmbH firmiert jetzt als Lemförder Lenksäulen GmbH.

31. Dezember. Paul Ballmeier, Alleinvorstand der LMAG und Vorsitzender der Geschäftsführung der Lemförder KG, scheidet aus der KG-Geschäftsführung aus und wird zum 1. Januar 1996 in den Vorstand der Muttergesellschaft ZF Friedrichshafen AG berufen.

1996

1. Januar. Bernd Habersack wird zum Sprecher der Geschäftsführung der LMKG ernannt.

4. Januar. Übernahme der spanischen TVA-Gruppe.

1. März. LFT gründet mit zwei norddeutschen Speditionen die Lemförder Logistik GmbH und übernimmt einen Geschäftsanteil von 40 Prozent.

1997

1. Januar. Jim Orchard wird zum Chief Executive Officer der Lemförder Corporation und der ZF Industries ernannt.

10. Februar. Umfirmierung der Uleto Export AG in Lemförder AG.

11. April. Umfirmierung der LMKG in Lemförder Fahrwerktechnik AG & Co.

20. Mai. Lemförder Metallwaren wird fünfzig Jahre alt.

Personenregister

Achterberg, Fritz   34

Ballmeier, Paul   65, 66, 67, 73, 75
Baur, Friedrich   66
Becker, Karl-Heinz   55, 67, 73, 75
Berndt, Rolf   54
Bick, Ralf   73
Bleyer, Klaus Peter   75
Bollmeyer, Eva geb. Klatte   45, 53, 59
Bollmeyer, Ulrich K.   51, 59, 68, 71, 75
Braun, Louis   73
Bruhn, Richard   30, 31, 35, 54
Brunn, Hansjoachim   58, 65

Cambeis, Walter   35, 36, 55
Conrads, Toni   48, 50, 51
Cortes   42, 43

Dullweber, Wilhelm   75

Ebert, Friedrich   22
Erhard, Ludwig   52
Ey, Gerhard   61, 73
Ey, Richard   61, 71, 72
Eydler, Alfred   49

Faupel, Bernhard   38, 49, 53
Fischer, C. A.   29
Focken, Friedrich   63
Franz, Anselm   35, 72

Gattau, Walter   73
Gerlach, M.   59
Germscheid, Bruno   68
Grübl, Martin   66
Günther, Paul   54

Habersack, Bernd   66
Härtwig, Winfried   58, 65
Hanemann, Theodor   30, 32
Hasenack, Wilhelm   29
Herzog, Martin   65
Hespe, Axel   73
Heß, Rudolf   30
Hesse, Heinz-Joachim   39, 52
Hesse, Margot geb. Raue   39, 40
Horch, August   51

Junkers, Hugo   24, 29

Kahlert, Rudolf   58
Kammler   42
Karajan, Herbert v.   68
Kiel, Ingeborg   73
Kindermann, Karlheinz B.   70
Klatte, Theodor   44, 45, 46, 47, 50, 51, 52, 53, 59
Klotz, Werner   65
Knevels, Friedrich   54
Koch, Justus   30
Kruse, Adolfine   49
Kruse, Hans   49

Lindbergh, Charles   47

Maaß, Rudolf   71
Meckner, Heinrich   65
Meineke, Joachim   50
Meyer, Alwine   48
Meyer, Fritz   11, 12, 58
Momburg, Rolf   75
Müller, Gerhard   30, 31
Mugler, Max   66
Mutschmann, Martin   42, 43

Neumann, Carlheinz   28

Pappiér, Roland   59
Petering, Herbert   70
Poelzig, Hans   27

Raben, Anna geb. Krabb   22
Raben, Friedrich   22
Rasner, Jürgen   65
Rath, Klaus Wilhelm   25
Rathje, Otto   45
Rau, Annemarie geb. Ulderup   22, 24
Raue, Johanna geb. Elfe   18, 21, 39, 52
Reuter Erika   61
Reuter, Gottfried   60, 61

Sanden, Edith v.   12
Seidel, Eveline   15, 68
Sommer Josef   55, 56
Schlegel   42

Schmidt, Andreas   65, 66
Schmidt, Helmut (Hamburg)   68
Schmidt, Helmut   73
Schmidt, Hilde   40
Schmidt, Werner   40, 50
Schmidt, Wilhelm   50
Schucht, Elli   15
Schulze, Hilde   43
Schulze, Walter   43
Schwinges, Hermann   68
Steeger, Anton   55, 58
Steinweg, Hans   50
Straatmann, Ludwig   16, 48, 50

Thöle   43
Thoelen, Lorenz   65, 66, 67
Thomas, Karl-Heinz   64, 65
Treffner, Marianne   48

Ulderup, Annelotte geb. Raue   17, 18, 20, 21, 34, 38, 39, 40, 52, 57, 68
Ulderup, Christian Peter   17, 18, 20, 21, 38, 44, 47, 58, 59, 64, 65, 66, 68, 69
Ulderup, Friedrich Wilhelm   22, 24, 25, 27
Ulderup, Hans   22, 25
Ulderup, Hans-Jürgen   17, 18, 20, 21, 38
Ulderup, Irmgard geb. Dienst   10, 11, 58, 65, 66, 71, 72, 73, 75
Ulderup, Jürgen Petersen   22
Ulderup, Margarete geb. Raben   22, 24, 40
Ulderup, Marina geb. Ahlmann   22
Ulderup, Wilhelm   22, 24, 25, 30, 40, 44, 45, 46, 47, 49, 53, 70

Vahlbruch, Günther   63, 65
Vocke, Curt Claus   71

Weber, Max   67
Weckel, Max   71
Wieting, Julius   50, 57, 68, 73

Zeidler, Georg   66

Danksagung

Beim Auffinden von Lemförder Unternehmensakten relevanten Inhalts waren vor allem Martina Schwerhoff, die auch das Manuskript gegengelesen hat, sowie die letzte Sekretärin von Dr. Ulderup, Eveline Seidel, behilflich. Alexander Hesselbarth als Projektleiter sowie Sandra Barkhau und Rika Jackisch von der Abteilung Unternehmenskommunikation haben die Bemühungen des Autors die ganze Zeit über fürsorglich begleitet.

Den folgenden auswärtigen Archiven und Institutionen ist dafür zu danken, Anfragen beantwortet und Archivmaterial zur Verfügung gestellt zu haben:

Bundesarchiv Berlin (ehem. Document Center), Archiv des Instituts der deutschen Wirtschaft in Köln, Stadtarchiv und Stadtmuseum Zittau, Sondersammlungen des Deutschen Museums in München, Deutsches Technikmuseum Berlin, Landesarchiv Schleswig-Holstein, Staatsarchiv Bremen, Niedersächsisches Hauptstaatsarchiv, Landesarchiv Oranienbaum; ferner den Universitätsarchiven der Technischen Universität Berlin und der Georg-August-Universität Göttingen, dem Vorstand des Berliner Ruder-Clubs sowie der Berliner Hafen- und Lagergesellschaft Behala.

Auskünfte zur Person Dr. Ulderups und zu seinem Verhältnis zu den Mitarbeitern sowie zu den von schwerer Krankheit gezeichneten letzten Lebensjahren verdanke ich folgenden Damen und Herren innerhalb und außerhalb des Unternehmens: Karl Adomeit in Düsseldorf, Altbürgermeister Heinz Becker, dem ehemaligen Vorsitzenden des Gesamtbetriebsrates Karl-Heinz Becker; ferner Ralf Bick, Ulrich K. Bollmeyer, Pastor Wilhelm Dullweber, Hermann Eink in Ulm, Margarete Faupel in Köln, Dr. Dr. Gerhard Ey, Walter Gattau, Dr. Bruno Germscheid in Düsseldorf, Dr. Axel Hespe, Heinz-Joachim Hesse, Adelheid Hollberg, Ingeborg Kiel, Georg Kindel (†), Dr. Joachim Meinecke in Freiburg, Architekt Fritz Meyer, Dr. Erwin Müller in Mannheim, Alt-Gemeindedirektor Herbert Petering, Horst Pump, Helmut Schmidt, Arthur Schütrumpf in München, Hildegard Schulze, Hans Schweinshaupt in Cannstadt, Gemeindedirektor Ekkehard Stauß, Dr. Heinrich Stelter, Gottfried M. Strobl in Ingolstadt, Curt Claus Vocke, Max Weckel, Julius Wieting.

Dorit Junge danke ich dafür, daß ich aus ihrer Diplomarbeit über die Sozialstruktur des Ortes Dielingen zitieren durfte, Dr. Günther Meyer in Berlin für Unterlagen über Kapitän Wilhelm Ulderup, Prof. Dr. Helmut Schwarzenbach in Zittau für Forschungsergebnisse über die ehemaligen Zitt-Werke. In Berlin haben Irmgard Ulderup geb. Winde und ihr Sohn Mathias für familiäre Auskünfte zur Verfügung gestanden.

Hans-Jürgen Reuß, Geschäftsführer der PR Pressebüro Reuß GmbH, hat als Projektbegleiter wertvolle Anregungen gegeben und das Manuskript akribisch durchgesehen, Hilke Reuß hat terminiert und protokolliert, Irmtraud Hafer das Manuskript auf Computer geschrieben und in die gehörige Form gebracht.